落实核心素养的小学数学
教学设计及片段赏析

主编　虞秀云
副主编　任琛琛　刘克群

科学出版社
北京

内 容 简 介

本书在深化课程改革背景下，从"理论的实践性解读"和"实践的理论性反思"两个角度解读数学核心素养的内涵与特征，提出落实核心素养的相关建议．全书共五章，内容包括关于数学核心素养、小学数学内容蕴含的核心素养、落实核心素养的教学设计策略、小学数学教学设计案例、小学数学教学片段赏析，阐述了核心素养及数学核心素养的概念和本质，针对知识内容展开了如何落实核心素养的讨论，依据实践提出了培养数学核心素养的五大策略，呈现了不同小学数学课型基于落实核心素养的教学案例，并对落实核心素养的小学数学典型教学片段进行了赏析．

本书可供高等院校数学专业师范生、小学数学教研员阅读，也可作为广大一线小学数学教师、高等师范院校数学教学论方向教师的教学参考书．

图书在版编目（CIP）数据

落实核心素养的小学数学教学设计及片段赏析/虞秀云主编. —北京：科学出版社，2024.1
ISBN 978-7-03-077847-5

Ⅰ. ①落⋯ Ⅱ. ①虞⋯ Ⅲ. ①小学数学课–教学设计 Ⅳ. ①G623.502

中国国家版本馆 CIP 数据核字（2024）第 010966 号

责任编辑：胡海霞 姚培培/ 责任校对：杨聪敏
责任印制：师艳茹 / 封面设计：无极书装

科 学 出 版 社 出版
北京东黄城根北街 16 号
邮政编码：100717
http://www.sciencep.com
北京建宏印刷有限公司 印刷
科学出版社发行 各地新华书店经销
*
2024 年 1 月第 一 版 开本：720×1000 B5
2024 年 1 月第一次印刷 印张：10
字数：201 000
定价：**69.00 元**
（如有印装质量问题，我社负责调换）

编　委　会

主　　编　虞秀云

副 主 编　任琛琛　刘克群

参　　编　（按姓名拼音排序）

前　言

　　根据《江西省中长期教育改革和发展规划纲要（2010-2020 年）》、《江西省教育事业发展"十三五"规划》、《关于加强"十三五"期间教育人才队伍建设的意见》（赣教党字〔2016〕137 号）有关文件精神，江西省从 2017 年开始组织实施"中小学名师培养计划"，旨在加强中小学名师队伍建设，打造一支基础教育领军人才队伍，引领全省中小学教师队伍专业化发展，推进基础教育质量稳步提升．数学学科在全省范围内采取自下而上、逐级遴选、等额推荐的方式，产生了中小学数学名师培养对象 80 名，他们是在各级各类中小学任教的在编在岗教师（含坚持一线教学的副职校领导、坚持一线教研指导的教研员）．江西师范大学承担了这次名师的培养培训工作，制定了具体的培养工作方案和管理办法．数学名师研修项目的培训目标是把学员培养成师德境界高远、理论素养厚实、教学艺术精湛、教学主张独特、在省内外有较大影响力的数学教学名师，为培育赣派数学教育名家奠定基础.

　　我们遵循教师专业发展和名师成长的规律，围绕培养目标，按照"整体规划、个性指导、训用一体"的原则，通过集中培训与岗位研修相结合、理论学习与实践锻炼相结合、导师指导与自主学习相结合、省内培养与省外研修相结合、线上交流与线下研讨相结合、个人成长与示范辐射相结合等方式，对这些名师培养对象进行了个性化、针对性的培养．我们先后聘请了国内外知名教育专家、学者来开展集中专题培训，带领学员去了江苏南通一些学校和名师工作室观摩学习，开阔眼界，拓宽思路．通过为期两年的研修，我们取得了一系列水平较高的教学成果.

　　2020 年 5 月，教育部印发了《普通高中数学课程标准（2017 年版 2020 年修订）》，在此版的数学课程标准中根据数学学科的特点，凝练了数学六大核心素养，提出了"数学学科核心素养是数学课程目标的集中体现，是具有数学基本特征的思维品质、关键能力以及情感、态度与价值观的综合体现，是在数学学习和应用的过程中逐步形成和发展的"．基于这个背景，我们小学数学名师研修班的学员们将自己对核心素养的理解应用于教学实践，设计出小学数学落实核心素养的典型课例，并进行了汇报研讨，使之完善.

为了更好地引领中小学数学教师队伍专业化发展,推进数学基础教育课程改革的进程,我们想到将中小学数学名师研修班的研修成果进行整理、凝练、拓展.本书由江西省首届中小学数学名师研修班导师虞秀云组织编写,本书的案例及教学片段由江西省首届中小学数学名师研修班的小学数学教师们撰写.

在本书出版过程中,教育部于 2022 年 4 月印发了《义务教育数学课程标准(2022 年版)》(以下简称"新版课标"),该版课标是在《义务教育数学课程标准(2011 年版)》(以下简称"2011 年版课标")的基础上修订而成.与 2011 年版课标相比,新版课标更关注不同学段学生素养发展水平的不同,特别区分了小学和初中阶段核心素养的不同表现形式,并给出了小学阶段核心素养的主要表现为:数感、量感、符号意识、运算能力、几何直观,空间观念、推理意识、数据意识、模型意识、应用意识、创新意识.本书是基于 2011 年版课标及笔者十多年教学实践经验的基础上撰写,根据 2022 年版的新课标进行了更新,增加了量感培养方面的相关内容和案例,虽然其他的核心概念个别有提法上差异,但内容均已涉及,培养的素养水平也符合新版课标的要求.

本书在编写过程中,得到了江西省教育厅和江西师范大学相关部门的大力支持;科学出版社的编辑为本书的出版也付出了很多心血;江西师范大学数学与统计学院的吴文婕、彭玉洁、刘睿、肖慧、杨子彦、温海忠、何诗雨、汪璐琪、刘紫依及郭京港等硕士研究生以及江西师范大学教育学院的硕士研究生张琪、陈蕊为本书做了大量的文字整理工作.在此一并感谢!

由于作者水平有限,不足之处在所难免,欢迎读者批评指正!

虞秀云

2022 年 5 月于江西师范大学瑶湖校区

目　　录

第 1 章

关于数学核心素养

1.1 数学核心素养概述

1.1.1 核心素养的概念与本质

目前，核心素养的研究与发展在国际上受到了高度重视．核心素养与时代的进步、社会的发展以及教育的改革都有着密切的联系．在终身学习思想的指导下，联 合 国 教 科 文 组 织 （United Nations Educational，Scientific and Cultural Organization，UNESCO）最早在 1996 年的《教育——财富蕴藏其中》报告中，界定了"21 世纪社会公民必备的基本素质"，即教育的四大支柱：学会求知、学会做事、学会合作、学会生存与发展．

经 济 合 作 与 发 展 组 织 （Organization for Economic Co-operation and Development，OECD）在 1997 年启动了"素养的界定与遴选：理论和概念基础"（Definition and Selection of Competencies：Theoretical and Conceptual Foundations，DeSeCo）项目，提出核心素养的指标体系．DeSeCo 项目团队明确了核心素养的内涵，指出了核心素养覆盖于生活中的各个领域，并且能够促进个人的成功和社会的健全，而后提出了三个层面的核心素养：能互动地使用工具、能在异质社会团体中互动、能自主地行动（张娜，2013）．虽然三项核心素养各有自己的焦点，但它们是一种相互依存的关系，共同描绘出了核心素养的概念．DeSeCo 项目对核心素养的结构论证得到了多名学科专家的诠释，最后是以评价的方式来落实核心素养的．在 DeSeCo 项目结束后，国际学生评估项目（Programme for International Student Assessment，PISA）依据 DeSeCo 项目的指标体系，对阅读、数学及科学素养进行了界定．

从欧盟核心素养的提出到最终确定，经历了漫长的过程．欧盟首先认为核心素养是一个人所需的能力，即一个人在知识社会中生存、融入社会以及就业时所需的能力.《终身学习的核心素养：欧洲参照框架》对母语交流、外语交流、数学与科技素养、数字化素养等八项核心素养进行了定义（裴新宁等，2013）. 这八项核心素养都非常重要，没有主次之分.

当代著名心理学家、教育家、北京师范大学教授林崇德（2016）认为：核心素养是学生适应个人终身发展和社会发展应该具备的关键能力. 这种能力是学生在接受相应学段的教育时逐步形成的. 从本质上来说，核心素养所要研究的是"教育要培养什么样的人"这一根本的教育问题. 也就是说，核心素养的培养是为了人的一生的发展服务的. 这是当前社会都在关注的一个热点话题. 对于教育工作者来说，这是一个十分有必要思考和面对的问题.

2014 年 3 月 30 日教育部正式印发的《教育部关于全面深化课程改革落实立德树人根本任务的意见》把"核心素养"置于深化课程改革、以落实立德树人的教育目标当中.《中国学生发展核心素养（征求意见稿）》将学生应具备的、能够适应终身发展和社会发展需要的必备品格和关键能力等综合概括为社会责任、国家认同、国际理解、人文底蕴、科学精神、审美情趣、身心健康、学会学习、实践创新等九大素养；2016 年 9 月 13 日，北京师范大学林崇德教授以课题组成果方式发表了《中国学生发展核心素养》，其总体框架包括文化基础（人文底蕴、科学精神）、自主发展（学会学习、健康生活）、社会参与（责任担当、实践创新）三个方面六大素养（蔡清田，2018）.

钟启泉（2016）在《基于核心素养的课程发展：挑战与课题》一文中将核心素养形象地比作课程发展的 DNA. 他认为学校改革的核心环节是课程改革，课程改革的核心环节是课堂改革，课堂改革的核心环节是教师专业发展.

1.1.2 数学核心素养的概念与本质

数学对个体发展的影响，很早就受到了西方学者的重视，但是数学核心素养正式被提出并引起人们重视的重要起因是 1957 年 10 月苏联人造卫星的升空. 此举在西方发达国家中引起了震动，在对本国的教育进行了反思之后，欧美各国决定大力发展科学技术教育. 1959 年，英国发表题为"15～18 岁青少年的教育"的《克劳瑟报告》（Crowther Report）. 该报告提出了 numeracy（计算能力）一词，意为 numerate（数）和 literacy（读写能力）的综合，表示数学的读写能力，这被确认为最初数学素养的含义（黄友初，2014）.

进入 21 世纪后，经济合作与发展组织策划的每三年举行一次的国际学生评估项目是对全球学生学习质量进行的全面的比较和研究. 这个项目在数学素养的研究中具有很大的影响力．依据 2000～2015 年国际学生评估项目对数学素养的界定，国际学生评估项目认为数学素养是一种十分重要的能力，是人们逻辑思维的载体，是理解社会和世界的通道（黄惠娟等，2003）．这种能力能够通过数学提高人们的判断力，并且这种能力能够满足个人的生活需要．数学素养能够促进人们思考，促使人们关心社会．

在我国对"数学核心素养"的研究的初级阶段，对数学核心素养的讨论被看作是核心素养热潮在数学学科的延续．学生核心素养的培养，最终要落在学科素养的培养上．当时的研究没有对数学核心素养的构成及其内涵达成某种共识，但是有些成分被大家认为是数学核心素养的共同组成部分．章建跃和程海奎（2017）提出数学核心素养须超越数学知识技能，注重数学的整体性、思想的一致性、逻辑的连贯性和思维的系统性，体现"数学的方式"．马云鹏（2015a）提到：数学核心素养实质上是一种综合性的能力，而这种综合性能力是数学学习者在学习数学或学习数学某一个领域时所形成的．他根据对数学核心素养的理解，提出数学核心素养具有综合性、阶段性和持久性的特征．马云鹏教授对数学核心素养的理解、数学核心素养特征的论述、数学核心素养和相关概念之间联系的阐释，得到了许多人的认可．

郑毓信在"聚焦数学核心素养——第六届中国小学数学教育峰会"上指出："现在国家讲的、教育部讲的是整体性的核心素养，这个整体性的核心素养的提倡，到底跟我们数学教育、数学具体的教学活动是什么关系？"那就是"要在专业化的基础上实行新的整合和超越"．以数学为例，既要帮助学生培养数学思维，又要在此基础上教会学生跳出数学，立足日常思维，从更加一般的角度去认识数学的各种思想方法．通过思维，学生能够持续地研究问题，能够在已有的基础之上想得更深入一点，学得更清晰一点．这才是"数学的核心素养"（陈敏，2015）．

朱立明（2016）认为数学核心素养是素养的下位概念，可以将其理解为在数学学科中培养的基本素养．他用数学核心素养＝数学思考×（数学能力＋数学知识）这样的式子来表述数学核心素养，非常明确地表达出数学核心素养和数学思考、数学能力、数学知识之间的关系．

史宁中（2017）认为设定数学核心素养的标准应该基于数学教育的终极目标，也就是一个人学习数学之后，即便这个人未来从事的工作和数学无关，也应当会用数学的眼光观察现实世界，会用数学的思维思考现实世界，会用数学的语言表达现实世界．

直到 2018 年，《普通高中数学课程标准（2017 年版）》最终确定了数学抽象、逻辑推理、数学建模、直观想象、数学运算、数据分析六个数学学科核心素养，并指出这些数学学科核心素养既相对独立，又相互交融，是一个有机的整体.

综上所述，数学核心素养的先进性和深刻性源自优秀的民族传统、现代科学以及当下的现实需要. 目前，我国数学教育正在形成一种开放的现代大教育体系，无论从哪种角度上讲，内含其中的都是一种以人为本且重能力、重创新、重素养的"生态和谐"精神. 可以肯定地说，核心素养应用于数学教学中，在目前无疑正当其时，正有大用！

1.2　小学数学中核心素养的成分、结构

数学核心素养可以理解为学生学习数学应当达成的有特定意义的综合性能力，核心素养不是指具体的知识与技能，也不是指一般意义上的数学能力. 核心素养基于具体的数学知识技能，又高于具体的数学知识技能. 核心素养反映数学本质与数学思想，是在数学学习过程中形成的，具有综合性、整体性和持久性. 数学核心素养与数学课程的目标和内容直接相关，对理解数学学科本质、设计数学教学，以及开展数学评价等有着重要的意义和价值（马云鹏，2015b）.

《义务教育数学课程标准（2022 年版）》指出，数学课程要培养的学生核心素养，主要包括以下三个方面：会用数学的眼光观察现实世界、会用数学的思维思考现实世界、会用数学的语言表达现实世界. 小学阶段，核心素养主要表现为：数感、量感、符号意识、运算能力、几何直观、空间观念、推理意识、数据意识、模型意识、应用意识、创新意识. 可见，这些素养不是数学课程内容之外的东西，而是蕴含在课程内容中、与课程内容紧密结合在一起的内隐性知识. 小学数学课程中应该培养的学生的数学素养涉及学生在学习中对数学的感悟、思想、观念、能力等，因此，这些核心概念都是小学数学课程的目标点，也是教师在教学中要落实的数学课堂教学目标.

数学核心素养一般与一个或几个学习领域中的内容有密切的关系，某些核心素养与单一的学习领域中的内容高度相关. 例如，数感、符号意识、运算能力与"数与代数"领域直接相关，"数的认识""数的运算""用字母表示数"等内容的学习与这些核心素养直接关联，"数的认识"的学习过程有利于形成学生的数感，数感的建立有助于学生对数的理解和把握. 空间观念与"图形与几何"领域密切相关，学习"图形的认识"和"图形的关系"等内容应注重学生空间观念的发展. 数据意识与"统计与概率"领域直接密切相关，数据的收集、整理、呈现

和判断的整体过程是形成学生的数据意识的过程.

有些核心素养与几个领域都有密切的关系,不直接指向某个单一的领域. 例如,几何直观与"图形与几何""数与代数"都有联系,在解决具体数学问题时,可以采用画图的方法帮助理解"数与代数"问题中的数量关系;又如,推理意识在几个领域的学习中都会用到,推理在几何,特别是平面几何的证明中经常运用,在"数与代数"的计算或解决问题中也常常要用到推理.

笔者通过阅读文献,最终确定将义务教育数学核心素养分为两个一级指标,并对两个指标再做进一步分解,得出以下结构(图 1.1):数学思维素养(包括数感、量感、空间观念、几何直观和运算能力)、数学意识(推理意识、符号意识、应用意识、创新意识、数据意识和模型意识).

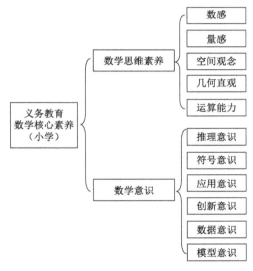

图 1.1

1.2.1　数感

数感(number sense)是关于数字(量)的一种直觉或直感,是一种学生主动地、自觉地理解和运用数(量)的态度和意识,是一种基本的数学素养. 关于数学课程中数感的基本内涵,《义务教育数学课程标准(2022 年版)》的表述是:"数感主要是指对于数与数量、数量关系及运算结果的直观感悟. 能够在真实情境中理解数的意义,能用数表示物体的个数或事物的顺序;能在简单的真实情境中进行合理估算,作出合理判断;能初步体会并表达事物蕴含的简单数量规律. 数感是形成抽象能力的经验基础．建立数感有助于理解数的意义和数量关系，初步感受数学表达的简洁与精确，增强好奇心，培养学习数学的兴趣．"可见，《义务教育数学课程标准（2022 年版）》赋予数感的意义，既有较大的包容性以及确定的含义，还突出了数感学习对培养数学兴趣的重要意义，这样便于教师在教学中把握数感培养的主线．

1. 数与数量

数学的本质是抽象的，小学阶段的学生思维正处于由具体形象思维向抽象思维过渡的时期．小学生对数的感悟是从数数开始的，即在具体情境中辨认实物对象的多少．在数数过程中，能把数量词与少量物体建立联系，然后逐渐过渡到数较大数量的物体．因此，小学生是先从现实生活和真实情境中认识"数量"的，认识到数量是对事物量的抽象，例如这堆苹果有几个，这本书有多少页．但数量并不是最抽象的，它通常带有计量单位，不适用于一般场景．这时则需要让学生对其进一步抽象，建立"数量"与"数"的联系．例如，随着学习数学的深入，小学生还会经历更多对数的意义的感悟，形成对数的各种表征方式，如分数、小数、有理数、负数等，他们会知道 0.5，$\frac{1}{2}$ 及 50%是同一个数的不同表示．此时，对数与数量建立起来的数感常常与实际情境相关联．例如，说到书本的长度，他们会用厘米做单位；说到教室或房间的长度，他们知道用米做单位．

2. 数量关系

数量关系指数量之间的联系，数量之间特定的联系会构成不同的数量关系（蔡荣花，2020）．它通常存在于具体的问题和情境中，需要抽象和提炼．因此，小学生理解数的意义及各种表征后，理解数量关系是更高层次的数感．例如，小学生学了分数后，会比较分数的大小，能够用数进行推理，知道"$\frac{1}{2}+\frac{2}{3}$"比 1 大．小学阶段基本数量关系包括路程、时间和速度，总价、数量与单价等．学生经历从具体问题情境中抽象出正确的数量关系的过程，形成的数感就是对具体问题情境中涉及的数量关系的整体把握．

3. 运算结果估计

运算结果估计也叫估算．《义务教育数学课程标准（2022 年版）》在第二学段的课程内容中表述为"在解决实际问题的过程中，能结合具体情境，选择合适的单位进行简单估算，体会估算在生活中的作用"，在第三学段强调，"在解决实际问题的过程中，会选择合适的方法进行估算"．运算结果估计反映的是学生对数学对象更为综合的数感．学生对运算结果进行估计时，需要理解参与运算的数与量的意义及关系，需要选择和判断运算方法，把握运算角度，处理具体问题中的数量关系．

例如，书上有道这样的情境题：学校组织 987 名学生游玩，景点门票每张 8 元，带 8000 元够不够？学生只需把 987 人看成 1000 人进行估算，便能快速地得出答案．

1.2.2　量感

《义务教育数学课程标准（2022 年版）》关于量感的表述是："量感主要是指对事物的可测量属性及大小关系的直观感知．知道度量的意义，能够理解统一度量单位的必要性；会针对真实情境选择合适的度量单位进行度量，会在同一度量方法下进行不同单位的换算；初步感知度量工具和方法引起的误差，能合理得到或估计度量的结果．建立量感有助于养成用定量的方法认识和解决问题的习惯，是形成抽象能力和应用意识的经验基础．"

1.2.3　符号意识

符号是数学特有的语言和工具．数学符号的功能是多方面的，具有抽象性、明确性、可操作性、简略性和通用性等特点，包括数字、字母、图形、关系式等形式．符号意识（symbol sense）是指学生在感知、认识、使用数学符号等方面积极主动的心理倾向．数学符号可以用来表示数、数量关系和变化规律，不仅能帮助人们简化运算、推理步骤、清晰揭示相关的数学关系，而且能促使个人思维逻辑化（刘翠花，2019）．《义务教育数学课程标准（2022 年版）》将符号意识表述为："能够感悟符号的数学功能．知道符号表达的现实意义；能够初步运用符号表示数量、关系和一般规律；知道用符号表达的运算规律和推理结论具有一般性；初步体会符号的使用是数学表达和数学思考的重要形式．符号意识是形成抽象能力和推理能力的经验基础．"

发展学生的符号意识就是让学生通过数学学习的过程，理解数学符号表示的意义，并能正确地选择和使用数学符号、语言，通过口头、图表或是书面的方式表达自己的想法与观点，在理解他人观点或是具体问题时能选择恰当的数学术语、符号、图表等工具进行表征，以及学会运用符号进行思考，倾听来自不同文化背景下的数学思维碰撞的声音，并在理解的基础上对他人观点进行分析与评论.

在小学数学"数与代数"的教学中，学生的符号意识会经历一个从低级到高级的发展过程，具体如下.

1. 理解并运用符号表示数、数量关系和变化规律

符号表示有两层意思：一是能够理解符号所表示的数学对象的意义，用整数、分数、百分数等特有的符号简洁地表示数. 例如，用数字"1，2，3，……"表示整数. 二是能够运用符号去表示数、数量关系和变化规律等. 例如：用符号"<"、">"或"="表述数量间的大小关系，用 $a(b+c)=ab+ac$ 表示乘法对加法的分配律.

2. 运用符号进行运算和推理

小学阶段要求学生掌握一定的运算技能和推理意识. 例如，在第一学段，学生需要探索加法、减法、乘法、除法的算理与算法，掌握整数加减法以及简单的整数乘除法；在第二学段，要求学生能够探索并理解运算律，进行整数四则混合运算；在第三学段，学生需要掌握用字母表示数，并感悟用字母表示的一般性. 运用符号进行运算和推理表现出数学符号高度抽象的特点.

3. 在实际情境中运用符号进行表达和思考

在小学阶段，学生已会运用符号表示数、数量关系和变化规律，并能够利用符号进行运算和推理. 数学来源于生活并应用于生活，数学符号最终还需回到实际问题的解决中去. 学生在具体的情境中运用数学符号，在抽象出数量关系的过程中进一步发展和提升符号意识.

1.2.4 空间观念

空间观念是空间想象能力发展的基础，侧重于刻画学习者对物体和几何图形的形状、大小、关系、变化和位置的感知和把握程度，会抽象、会想象、会描述是学生空间观念发展的重要标志（陈祥彬，2020）. 空间观念包括以下几个角度：二维与三维、现实生活与抽象图形之间的转化；借助模型表达几何知识；在分析几何图形的过程中认识图形的特征；描述和想象物体或图形的运动变化，描述和想象物体或图形的位置及位置关系；能借助几何直观把复杂的数学问题变得简明、形象，进而探索解决问题的思路（张丹，2015）.

　　《义务教育数学课程标准（2022 年版）》这样表述："空间观念主要是指对空间物体或图形的形状、大小及位置关系的认识. 能够根据物体特征抽象出几何图形，根据几何图形想象出所描述的实际物体；想象并表达物体的空间方位和相互之间的位置关系；感知并描述图形的运动和变化规律. 空间观念有助于理解现实生活中空间物体的形态与结构，是形成空间想象力的经验基础."空间观念在数学核心素养体系中也属基础层级的内容. 空间观念的发展贯穿于"图形与几何"的整个学习过程中.

1.2.5　几何直观

　　几何直观是指借助几何图形进行数学思考、数学想象. 图形有助于发现问题、描述问题，有助于探索和发现解题思路，也有助于理解和记忆得到的数学结果.《义务教育数学课程标准（2022 年版）》明确这样描述："几何直观主要是指运用图表描述和分析问题的意识与习惯. 能够感知各种几何图形及其组成元素，依据图形的特征进行分类；根据语言描述画出相应的图形，分析图形的性质；建立形与数的联系，构建数学问题的直观模型；利用图表分析实际情境与数学问题，探索解决问题的思路. 几何直观有助于把握问题的本质，明晰思维的路径."几何直观是数学中非常重要且有价值的思维方式，是数形结合思想的体现，也是对应思想、化归思想等重要数学思想的反映，是小学阶段行之有效的解决问题的方法，对小学生理解数学，巧妙地解决数学问题发挥着重要作用. 从实物直观到几何直观是学生数学核心素养形成的标志.

1.2.6　数据意识

　　关于数据意识，《义务教育数学课程标准（2022 年版）》表述为："数据意识主要是指对数据的意义和随机性的感悟. 知道在现实生活中，有许多问题应当先做调查研究，收集数据，感悟数据蕴含的信息；知道同样的事情每次收集到的数据可能不同，而只要有足够的数据就可能从中发现规律；知道同一组数据可以用不同方式表达，需要根据问题的背景选择合适的方式. 形成数据意识有助于理解生活中的随机现象，逐步养成用数据说话的习惯."

　　义务教育阶段学习统计与概率的核心目标是发展数据意识. 数据分析是统计的核心，是数学核心素养的重要组成部分，只有不断增强学生的数据意识，才能够有效地提升其数学核心素养.

1.2.7 运算能力

运算是指根据一定的数学概念、法则和定理等，由一些已知量通过计算得出确定结果的过程．能够按照一定的程序与步骤进行运算，称为运算技能．运算能力与运算技能不是完全等同的，运算能力是运算技能与逻辑思维有机整合的能力，属于一种数学思维能力．

关于运算能力，《义务教育数学课程标准（2022 年版）》表述为："运算能力主要是指根据法则和运算律进行正确运算的能力．能够明晰运算的对象和意义，理解算法与算理之间的关系；能够理解运算的问题，选择合理简洁的运算策略解决问题；能够通过运算促进数学推理能力的发展．运算能力有助于形成规范化思考问题的品质，养成一丝不苟、严谨求实的科学态度．"运算内容包含数的运算和符号的运算，小学数学运算能力主要涉及的是数的运算，主要包括计数能力的形成，运算的法则、公式和定律的掌握；依据算理，从问题的条件出发，灵活运用法则、公式和定律；根据问题的条件、结论，灵活、迅速地调整思维结构，选择最恰当的运算方法和策略．其具体表现在：使用材料和图表将加减乘除模式化，在此基础上，运用位值解决四则运算问题，并加以认识和拓展；将运算方法应用到货币和非正式的测量单位上；简化已知的笔算策略；选择和运用策略来估算和心算；选择与解决问题相关的信息；解决运算问题等．运算能力的培养要求学生不仅能够熟练记忆公式和应用公式，而且需要理解数学运算，发展数学思维．

数学运算的作用体现在多个方面．首先，能够帮助学生加深对概念的理解，如同分数的加减运算还需确定分母和分子的概念；其次，它常应用于真实问题情境的解决，例如构思解题思路、确定运算步骤和计算得出结果；最后，公式定理的推导也离不开运算．因此，即使我们处于一个大数据时代，计算机能够帮助我们完成一些复杂的计算，但是对学生的运算能力的培养也不容忽视．

1.2.8 推理意识

《义务教育数学课程标准（2022 年版）》将推理意识表述为："对逻辑推理过程及其意义的初步感悟．知道可以从一些事实和命题出发，依据规则推出其他命题或结论；能够通过简单的归纳或类比，猜想或发现一些初步的结论；通过法则运用，体验数学从一般到特殊的论证过程；对自己及他人的问题解决过程给出合理解释．推理意识有助于养成讲道理、有条理的思维习惯，增强交流能力，是形成推理能力的经验基础．"

在进行小学数学教学时，教师要把握数学本质内涵，不断培养学生对事物进行观察、比较、分析、综合、抽象、概括、判断、推理的能力，从而使学生有效掌握科学的推理方法，形成逻辑推理的思维方法，提升数学教学的有效性（陈丽华，2020）.

数学推理是以一个或几个数学命题推出另一个未知命题的思维形式. 数学推理是一种基本的数学思想方法，一般包括合情推理和演绎推理. 合情推理是从已有的事实出发，凭借经验和直觉，通过归纳和类比等方法推断某些结果；演绎推理是从已有的事实（包括定义、公理、定理等）和确定的规则（包括运算的定义、法则、顺序等）出发，按照逻辑推理的法则来进行证明和计算. 两种推理功能虽然不同，却相辅相成. 在解决问题的过程中，合情推理用于探索思路，发现结论；演绎推理用于证明结论. 这些数学推理思想的概念、方法及其优势如表 1.1 所示.

表 1.1　数学推理思想的概念、方法及其优势

数学推理思想		概念	方法	优势
演绎推理		从一般到特殊的推理，是由大到小的命题推理，所得到的结果是必然成立的	三段论、反证法、数学归纳法（完全归纳原理）、算法逻辑等	通过证明能验证结论的正确性，但不能增添新的东西
合情推理	归纳推理	从特殊到一般的推理，是由小到大的命题推理，所得到的结论是或然成立的	不完全归纳法、类比法、简单枚举法、数据分析等	指引数学研究的方向，有利于发现新的数学结论，体现思维的创造性
	类比推理	从特殊到特殊的推理，是由某些方面的相同或相似的两类对象，得出它们其他方面也可能相同或相似的推理，其结论是或然成立的	善于联想和触类旁通，包含假设、猜想、比较和联想等	发现数学规律，提出新问题和获得发现：由于两个对象的某些相似性，发现另一对象的相应性质或结论；由处理一个对象的某些方法，提出处理另一对象的相似性质或结论

1.2.9　模型意识

所谓数学模型，就是根据特定的研究目的，采用形式化的数学语言，去抽象地、概括地表征研究对象的主要特征、关系所形成的一种数学结构.《义务教育数学课程标准（2022 年版）》指出模型意识是："对数学模型普适性的初步感悟. 知道数学模型可以用来解决一类问题，是数学应用的基本途径；能够认识到现实生活中大量的问题都与数学有关，有意识地用数学的概念与方法予以解释. 模型意识有助于开展跨学科主题学习，增强对数学的应用意识，是形成模型观念的经验基础."在义务教育阶段的数学中，用字母、数字及其他数学符号建立起来的代数式、关系式、方程、函数、不等式，以及各种表格、图形等都是数学模型. 函数思想和方程思想是小学数学模型意识的主要组成部分.

　　函数思想是一种考虑对应和运动变化的相互依存、相互制约的关系，以一种状态确定地刻画另一种状态，由研究状态过渡到研究变化过程的思想．因此，函数思想的本质是研究变量之间的对应关系．小学数学函数思想运用运动和变化的观点、集合和对应的思想分析问题的数量关系，通过类比、联想、转化合理地构造函数，运用函数的图像和性质，解决问题的思维过程．

　　方程思想是一种将问题中的未知量用数字以外的数学符号表示的思想，根据数量之间的相等关系构建方程模型，体现了已知与未知的对立统一．由于未知数参与了等量关系式的构建，使人们便于理解问题、分析数量关系并构建模型，因此方程思想在解决以常量为主的实际问题中发挥了重要的作用．

　　模型意识的建立是学生体会和理解数学与外部世界联系的基本途径．建立和求解模型的过程包括：从现实生活或具体情境中抽象出数学问题，用数学符号建立方程、不等式、函数等来表示数学问题中的数量关系和变化规律，求出结果并讨论结果的意义．这些内容的学习有助于学生初步形成模型意识，提高学生学习数学的兴趣和应用意识．

1.2.10　应用意识

　　数学来源于生活，更要回归于生活．在小学阶段的数学学习中，应用意识的含义包括两个方面．一是"数学知识现实化"，学生能够用自己所学的数学知识和方法解释现实生活中的现象，解决实际生活中的各种问题．学生应该意识到，数学存在于生活的方方面面，只有将数学和自己的生活联系起来，才能够真正地把握数学的本质，才能够将生活中的经验与数学新知联系，找到数学新知的实际背景，探索新知，切实体会数学的应用价值．二是"现实问题数学化"，学生应该意识到现实生活中很多与数量和图形有关的问题可以抽象成数学问题，利用数学的方法去解决．在整个数学教育的过程中都应该培养学生的应用意识，综合实践活动是培养应用意识很好的载体．

1.2.11　创新意识

　　创新能力是指完成全新工作的一种能力．创新意识比创新能力要求低一些．就数学这门学科而言，培养学生的创新意识，就是在学习数学的过程中有好奇心，对新事物感兴趣，在学生发现自然界和社会中存在的数学问题的基础上，引导其提出自己的见解或思考，不断地发现和提出问题，尝试去做一些新的、没有想过、没有做过的事情，用学过的数学方法解决问题，并对结果加以验证．创新意识也可以说是一种不安于现状的意识．

　　创新意识的培养是现代数学教育的基本任务，应体现在数学教与学的过程之中．学生自己发现和提出问题是创新的基础；独立思考、学会思考是创新的核心；归纳概括得到猜想和规律，并加以验证，是创新的重要方法．创新意识的培养应该从义务教育阶段做起，贯穿数学教育的始终．

第 2 章

小学数学内容蕴含的核心素养

2.1 数 与 代 数

《义务教育数学课程标准（2022 年版）》将数学课程内容分为"数与代数""图形与几何""统计与概率""综合与实践"四大领域．其中，"数与代数"占据着重要的地位．小学阶段的"数与代数"课程内容包括"数与运算"和"数量关系"两个主题，其中"数与运算"包括整数、小数和分数的认识及其四则运算，"数量关系"主要是用符号（包括数）或含有符号的式子表达数量之间的关系或规律．它的知识结构如图 2.1 所示．

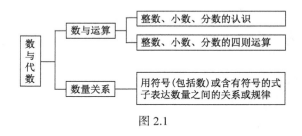

图 2.1

2.1.1 "数与代数"的育人价值

数学是研究客观世界的数量关系与空间形式的科学，由此可见"数"与"形"是数学中的两个古老又基本的研究对象．在义务教育小学阶段，"数与代数"是最基本和最主要的内容之一．这一教学内容对学生理解数学的意义以及形成正确的、完整的数学观具有十分重要的作用，它的育人价值体现在以下三个方面．

1. 运用数学符号描述世界，发展抽象思维

"数与代数"的主要内容是研究现实世界的数量关系和运动、变化规律的数学模型，它可以帮助人们从数量关系的角度更准确且清晰地认识、描述、把握现实世界并解决现实世界的问题．在小学阶段，学生要学习整数、小数、分数、百分数等数的概念，而这些概念本身是抽象的，因此在建构概念时需要基于现实世界或真实情境，让学生经历从生活到数学的过程，发展数学抽象思维和素养．

2. 培养估算意识，提升学生数感

人们对数学的传统认识是：数学是一门极为严谨而精确的学科，但是在现实生活中存在着一些事物，我们对其无法进行精确的测量与计算，因此需要应用估算．估算是在学生掌握了计算的算理与法则的基础上，对具体的复杂数据进行简化与归整，以估算的近似值代替准确计算的结果的方式（李乾赐，2019）．小学"数与代数"的教学内容中蕴含着许多关于估算的知识，例如比较两个式子大小时，可以用估算的方法快速得出结论．由此可以培养学生良好的数感，提升其数学运算能力．

3. 统领小学数学内容，奠定数学知识体系

"数与代数"是小学生在学习数学时接触的最基础和最重要的内容之一．学生从现实世界中抽象并认识"数"，这是他们第一次学会用数学的眼光观察世界．同时，"数与代数"也是学习其他数学内容的基础，与小学其他模块的教学内容有密切联系．学好数和代数的相关知识，能为学生建构数学知识体系打下良好基础．

2.1.2　落实"数与代数"中核心素养的教学建议

在小学"数与代数"的教学中应该达到以下教学目标：认识整数、小数、分数和百分数，并理解它们的意义；能够在具体情境中，选择适当的单位进行估算；体会四则运算的意义，掌握必要的运算技能，可以准确地进行运算；能用方程表示简单的数量关系，能解简单的方程．这一阶段的学生在运用数及恰当的度量单位描述现实生活中的简单现象，以及对运算结果进行估计的过程中，初步形成数感．他们也能在熟练掌握四则运算法则的过程中提升运算能力，感受符号的作用．

小学数学"数与代数"内容具有抽象的特点，涉及数、数学符号和数学运算

等知识，对于学生而言其内容枯燥．然而一些教师只会一味地教知识，却忽视了学生对知识的理解和运用过程，从而忽略了数学核心素养的培养．数学核心素养不是空中楼阁，它必须落实在教学实践的"大地"上．下面是小学数学"数与代数"教学中落实核心素养的具体建议．

1. 从生活情境出发，建立数感

数感的培养是一个长期积累、潜移默化的过程，需要逐步建立和发展．教师要重视低学段学生对数的感觉的建立，在第一学段中，可以采用实物观察操作、游戏等小学生可接受的方式建立学生的数感．为了帮助学生理解概念，教师通过举贴近学生生活的实例，引导学生利用身边的实物进行感知和抽象，这样也有助于学生将所学概念跟日常生活中熟悉的事物之间建立联系．例如，教师在讲"常见的量"这节内容中，涉及"长度"时，教师可让学生估算 2 米、20 米、200 米和 2000 米的距离，并在塑胶跑道上亲自跑一跑，直观感受长度的大小，建立学生的数感．

在第二学段中则要结合学生熟悉的现实素材，使其感受大数的意义，采用对一些具体问题进行估算、开展社会调查等方式让学生多经历有关数的活动，逐步增强学生的数感．小学数学教材引入了大量的生活情境问题，目的在于让学生亲历数学生活化的过程，学会用数学的眼光观察世界．教师需要积极引导学生自主探究现实世界中的数学问题，并定期举行交流会，鼓励学生展示成果．这样学生不仅会用数学的眼光观察世界，也会用数学的思维思考世界，更会用数学的语言表达世界．

2. 经历问题解决，培养符号意识

小学阶段符号意识的培养体现在能够理解符号的含义并运用数学符号来解决实际问题．在认识符号阶段，教师可通过设置具体的问题情境向学生提问．例如，10 个苹果和 10 瓶水可以用哪个统一的数字来表示？学生通过观察抽象出数字符号"10"．又如，教师接着向学生提问：1 个西瓜、1 个橙子和 1 粒瓜子，哪个重一些，哪个轻一些？教师顺势引出关系符号"＜"和"＞"，这样学生才能够在问题解决过程中理解符号的意义，会用简单的符号描述客观事物．

学生在认识并理解符号后，需要用符号进行运算和推理．符号的运用不仅仅是用符号和法则进行运算，而且需要将其运用于真实具体的问题中．例如经典的鸡兔同笼问题，学生需要从题目中提取有用信息，将文字语言转化为数学语言，用符号表示数量关系，建立恰当的方程式并解答．因此，结合现实情境，让学生经历对现实情境问题数学化的过程，运用符号进行抽象和表达，可以有效增强学生数学表达能力和数学符号思维．多让学生经历数学问题解决过程，培养学生主动使用符号解决问题的意识，从而达到增强学生符号意识的目的．

3. 注重三算统一，提升运算能力

所谓的"三算"是指口算、笔算和估算（时宁福，2020）．小学生处于具体形象思维阶段，他们往往在运算时需要借助手指或者其他实物，因此口算能力较差．口算对学生的专注力、敏捷思维和运算法则的记忆有着较高的要求．运算能力是在不断地运用数学概念、法则、公式进行计算中，经过一定数量的练习而逐步形成的．因此，在实际教学过程中，应重视口算和估算，提倡算法多样化，寻求合理简洁的运算途径解决问题，可通过经常性的课堂提问来检验学生的口算速度和正确率．例如，用开火车游戏的方式，对一些简单的算式进行提问，这样既增加了课堂的趣味，调动了学生的积极性，又有助于学生运算能力的提升．此外，还应该注意把握学习内容的要求，适量训练，体现发展的适度性、层次性和阶段性．

笔算是数学运算的主要形式．为了让学生形成良好的运算习惯和运算思维，教师可以适当组织一些小游戏，如用卡片出示题目，学生用笔算答题并进行抢答，看谁做得又快又好．在这个过程中，教师可让学生讲述运算思路，肯定好的运算习惯，纠正不够简便或错误的计算方式．

估算是现实生活中最常用的计算方式．我们会习惯性地采用估算的方式来判断生活中很多情况，例如现在大概是几点，猜测他人的身高或者体重等．估算也能解决很多生活上的问题，如采购问题、租车问题等．因此，教师要有意识地培养学生的估算意识，让学生可以直观地感知和判断数据，提升数学运算能力．

2.2　图形与几何

"图形与几何"是小学数学四大课程内容的一部分，分为"图形的认识与测量"和"图形的位置与运动"两个主题．其中"图形的认识与测量"包括立体图形和平面图形的认识、线段长度的测量，以及图形的周长、面积和体积的计算；"图形的位置与运动"包括确定点的位置，认识图形的平移、旋转、轴对称．其知识结构图如图 2.2 所示．

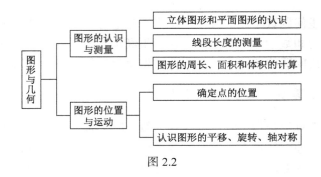

图 2.2

2.2.1 "图形与几何"的育人价值

数学是研究数量关系和空间形式的科学,可见"图形与几何"是数学学科中必不可少的重要内容. 小学数学中的"图形与几何"主要涉及现实世界中的物体、几何体和平面图形的形状、大小、位置关系及其变换,是学生更好地认识和描述生活空间并进行交流的重要工具. 它的育人价值主要体现在以下五个方面.

1. "图形与几何"的学习承载着发展学生几何直观素养的任务

几何直观是指借助图形或实物,直观感知几何图形、图形与认识、图形的运动,积累几何表象,获得感性认识;通过画图直观联想图形的运动、图形与位置等问题,推动思维展开,积累思维经验;运用数形结合灵活解决实际问题,形成解决问题的策略. 几何直观能力的形成不是一蹴而就的,而是一种通过表象的逐渐积累上升为直觉的过程,因此,"图形与几何"的学习要在表象经验的基础上进行理性的概括和升华,形成空间想象力、直观洞察力和用图形语言思考问题的"直观"直觉,以便在今后能灵活运用几何直观能力进行联想和想象,洞察数学知识的本质,强化解决问题的能力. 小学生已经在日常生活中接触过"图形与几何"这一模块的相关内容,也具有直观认识世界的天赋,但"图形与几何"的知识具有较高的抽象性和概括性,这就需要帮助学生形成几何直观能力,依托实物、图形或模型来表征和思考数学问题,把问题变得简明、形象,逐渐丰富形象思维,这有助于探索解决问题的有效路径.

2. "图形与几何"的学习承载着发展学生空间观念的任务

在生活中,人们需要认识事物的形状、大小、距离及位置关系,增强对生活环境的认识和适应. 因而, 学生需要从小在环境中不断地运用其空间能力以认识、了解并解决生活中的问题. 在对物体特征认识的基础上进行比较、分类与抽象, 不仅能帮助学生学会从几何的角度观察、认识周围的事物及其特性, 建立起具体事物与几何图形间的对应关系, 还有利于丰富学生认识有关位置和空间关系的经验, 在对事物的位置关系及其变化进行描述的过程中, 逐步学会构建相应的几何模型, 并形成空间想象能力、数形结合能力及适应生活所需的空间方位能力.

3. "图形与几何"的学习承载着发展学生推理意识的任务

几何概念的获得和几何命题的建立, 往往会用到合情推理中的归纳或类比, 先感受一类对象的本质特征, 再进行猜测和联想, 把此类对象共同的、本质的属性抽取出来并概括, 例如周长、面积、体积等概念的教学. 演绎推理则用于证明归纳推理或类比推理的结论是否正确, 也是解决图形与几何问题的思维方法, 例如面积、体积等公式的证明, 依据相关的法则、定理等解决图形位置关系、变化等问题. "图形与几何"内容的学习并不是熟记公式或规则, 进行浅层的模仿, 而是以发展几何思维、培养推理意识为前提的学习. 要将"发现""创造"作为学习的核心, 帮助学生挖掘合理因素, 鼓励学生大胆联想猜测、科学类比, 培养数学发现力、建构力和创造力, 并通过演绎推理验证结论, 形成科学严谨的数学学习态度.

4. "图形与几何"的学习能使学生感悟数学文化的魅力

几何学的发展记载着人类的文明与进步, 具有丰富的历史背景. 古希腊数学家欧几里得将几何学知识整理成几何史上具有深远影响的《几何原本》; 祖冲之首次将圆周率精确到小数点后第七位; 《周髀算经》里记载了直角三角形的三边关系, 即勾股定理; 《九章算术》收录了 246 个实际应用问题……通过"图形与几何"的学习, 学生可以了解几何知识产生的源头和发展过程, 认识到图形与几何对日常生活、科技发展与社会进步的推动作用, 感受数学之魅力所在, 丰富自己的情感体验.

5. "图形与几何"的学习能培养学生解决问题的能力

"图形与几何"是小学数学和实际生活联系最紧密的一个分支, 几何知识源于实践活动的需要, 其最终归宿也会解决生活中的实际问题, 具有直观性、实践性与操作性的特点. 例如, 学习完"正方形、三角形、圆形、长方形"等平面图形后，学生会认识到有些图形具有美观装饰作用，有的图形具有实用价值，如三角形的稳固性、圆形车轮行驶的平稳性；学习完"位置与方向"后，学生会描述动物园大门到各个动物馆的路线等；学习完"有序数对"后，学生会运用所学知识，确定电影院中的座位等．将几何知识镶嵌于丰富的生活问题中，激发学生的问题解决意识，使学生体会到数学源于生活，又回归于生活，培养其解决实际问题的能力．

2.2.2　落实"图形与几何"中核心素养的教学建议

小学阶段"图形与几何"这一领域内容应该落实以下教学目标：要求学生探索一些图形的形状、大小和位置关系，了解简单的几何体和常见的平面图形及其基本特征；掌握初步的测量、识图和画图的方法；认识简单图形的运动变化，能在方格纸上画出简单图形运动后的图形；认识物体的相对位置，掌握确定物体位置的一些基本方法．

小学生的数学思维是直观的、具体的、形象的，但数学的特质却是理性的、抽象的．"图形与几何"作为小学数学中最直观的一部分，是一种了解、描述我们现实生活空间的工具．该内容的学习能逐渐丰富学生的形象思维，对学生提升认知能力、形成数学思维有所帮助，对培养学生几何直观、空间观念、推理意识起关键作用，为学生数学核心素养的全面提升提供有力的支持．由此，本书提出以下几点具体教学建议．

1. 结合生活经验，激发学习兴趣

学生在日常生活中经常接触"图形与几何"的相关内容，具有一定的生活经验．以学生丰富的生活背景作为情境是教学良好的开端，情境中的问题既是学生思维的导向，还能激发学生深入探究的内在动力．依托熟悉的图形、实物或模型，引导学生感知几何知识，从中抽象出数学模型，可以发展空间想象和推理意识．因此，在教学中，首先，要让学生逐步养成画图的习惯，重视变换，让图形动起来，充分利用变换去认识、理解几何图形，帮助学生建立几何直观；其次，要让学生学会从"数"与"形"两个角度认识数学，掌握、运用一些基本图形解决问题；最后，还应该让学生认识到，几何知识不仅仅是书上枯燥的图片、公式和规则，其最终的归宿是解决实际问题．教师应挖掘生活中的素材作为待解决的问题，把实际问题"数学化"，学生才能将探索现实生活的热情转移到几何的学习中，真切体会到数学源于生活又回归于生活．

例如，在关于"面积的认识"的教学中，先让学生观赏重庆美丽的城市景观、美丽的大楼墙面、朝天门长江大桥的桥面以及重庆奥体中心体育场的地面，让学生在这些物体上寻找面，激发学生对面的学习兴趣（陈祥彬，2020）；再挖掘现实生活中的素材，让学生观察并触摸纸张、桌面、黑板，从已有经验出发，直观感受到物体的表面和封闭的平面图形有的面比较大，有的面却比较小，从而抽象出面的大小；最后概括形成面积的概念．通过问题情境"狮子大王想要把这两块厚度相同的长方形的巧克力分别分给山羊和狐狸，第一块巧克力长 4 厘米、宽 8 厘米，第二块巧克力长 6 厘米、宽 5 厘米，忠厚老实的山羊让狐狸先选，狐狸选了第二块，狐狸这次占到了便宜吗？"引入面积度量单位，激发学生的问题解决意识，提升数学推理意识．同时结合生活经验，让学生思考身边哪些物体的面积大小接近 1 平方厘米、1 平方分米、1 平方米，在举例的过程中帮助学生形成空间观念．

2. 借助信息技术，丰富几何表象

"图形与几何"的内容对学生的逻辑思维、空间想象力有一定要求，这就需要教师将教学内容直观化、形象化、可视化，以满足这个年龄段学生的学习需求．在"图形与几何"教学中，用语言讲述、板书呈现的教学方式虽然易操作，但直观性和形象性不够理想，而信息技术教学能弥补传统教学中思维空间局限性的弊端．借助信息技术展示丰富多样的教学情境，有利于创造主动参与的学习环境，直观地呈现图片、图形的运动变化，调动多种感官协同参与，有助于积累几何表象经验，同时提升几何直观能力．以丰富的表象作为建立空间观念的坚实载体，能解释教师难以讲明、学生难以听懂的内容，加深学生对几何知识以及相关概念的理解，提高教学质量和效率．

例如，在"圆的认识"这节课中，学生已经认识到在同一圆中所有的半径都是相等的，教师可以提出实际问题："车轮为什么都是圆形的？为什么不能是三角形、正方形的呢？"对于小学生而言，展开想象有很大的困难，而实际的动手操作也很难进行．如图 2.3 所示，借助几何画板动态演示三角形、正方形、圆形在地面上滚动时中心所形成的轨迹，很直观地认识到只有当车轮为圆形时，车轮在地面上滚动，其圆心始终在一条直线上，保证行驶平稳．教师还可以通过播放视频解释为什么井盖是圆的，展示当井盖变成三角形、长方形、正方形时，很容易掉下去，存在安全隐患．借助几何直观解释生活中的问题，可以加强学生对抽象事物的理解与感知，提高教学的质量和效率，调动学生探索知识的热情和积极性．

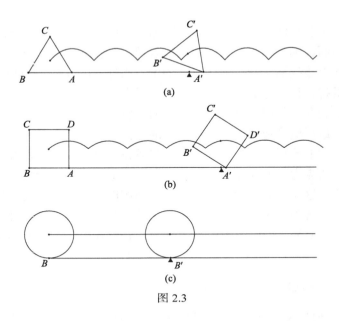

图 2.3

3. 加强操作探究，培养几何思维

如果只是简单地观察，学生只能积累几何的表象经验，只有在动手操作、自主探究的基础上，才能将表象经验进行理性的概括，并升华为几何思维. 在认识图形和图形特征时，恰当安排实物观察与描述、拼图与画图、折纸与展开等活动，开展有针对性的探究学习，鼓励学生用眼睛看、脑子想、嘴巴说、双手做，激发多个感官协同参与，高度集中注意力，在观察和想象中提升学生的空间观念. 此外，通过剪一剪、拼一拼、折一折、画一画等操作培养学生的几何直观素养，通过类比、归纳、实验得出结论，发展学生的推理意识，给学生提供思考、想象的机会，在想象过程中发展空间观念，在思维锻炼中逐渐培养几何思维，感悟几何的学习方法，同时提高学生的创新能力和解决问题的能力.

例如，公式的推导过程是掌握公式的重要基础. 在面积公式的推导教学中，鼓励学生拼一拼、摆一摆，用割补法将平行四边形转化为长方形，并根据长方形的面积公式推导出平行四边形的面积公式. 将梯形割补成长方形、平行四边形或三角形，并根据已学公式法则推导出梯形的面积计算公式. 通过让学生经历思考想象、动手操作、图形的平移和旋转，使其积累演绎推理的思维经验，以发展学生的推理意识和空间观念. 在今后学习组合图形的面积、圆的面积时，学生能运用类似思维，将复杂的图形转变为基本图形，提高自身的创新能力和解决问题的能力.

2.3　统计与概率

纵观我国小学数学"统计与概率"的教学发展历程，经历了从统计图表到统计初步知识再到统计与概率这样一个逐渐完善的过程．时至今日，小学数学"统计与概率"模块的教材内容编排如图 2.4 所示．从图 2.4 中可以看出，小学数学"统计与概率"内容不多，教学内容主要由"数据分类""数据的收集、整理与表达"和"随机现象发生的可能性"三个主题组成，难度较低，但要真正地教好、学好也并不简单．总之，"统计与概率"作为小学数学课程的四大领域之一，是帮助学生形成"统计与概率"观念、培养数学核心素养的重要载体．

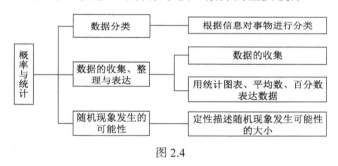

图 2.4

2.3.1　"统计与概率"的育人价值

随着时代的发展与前进，数据在社会和生活中的影响显而易见．2012 年 2 月，《纽约时报》发布专栏称："大数据"时代已经来临．基于信息技术发展下的大数据已经带给社会生活和个人生活各种翻天覆地的变化．因此，我们每个人都需要养成收集、整理、分析和处理数据的能力．"统计与概率"正是这样一门学科，使学生具备良好的数据意识，形成统计观念，并能以随机的观点来认识世界，从而更好地了解和剖析生活现象和实际问题．也就是说，它的育人价值主要体现在以下几个方面．

1. 逐渐培养合理解读数据的能力，养成通过数据分析问题的习惯

大到社会，小到个人，我们都时刻需要面对各种各样的信息数据，再从中分析并作出推断和选择，这意味着解读数据无疑是信息时代每一个公民的必备能力和基本素养．因此，小学对"统计与概率"的教学是必不可少的，这对培养学生良好的数据解读分析能力有十分重要的意义，并成为学生解决实际问题的有力工具．

2. 建立随机的概念，发展合情推理的意识，提升思维水平

在小学阶段，"可能性"的教学是从确定性数学进入到不确定性数学的一把钥匙，将为学生打开随机世界的大门. 通过学习这些知识，学生由此有了随机的概念，知晓如何去判断生活中一些常见事情发生的可能与否，教师从而能够把推理意识的培养落实在学生熟悉的生活之中，进一步提高学生的思维水平.

3. 初步感知统计与概率的思想，逐步形成科学的世界观和辩证看待客观世界的品质

正如陈希孺（2004）院士所说："习惯于从统计规律看问题的人在思想上不会偏执一端，他既认识到一种事物从总的方面看有其一定的规律，也承认存在例外的个案，二者看似矛盾，其实并行不悖，反映了世界的多样性和复杂性. "作为一门方法论科学，"用数据说话"是统计与概率的基本思想，既让学生领悟实事求是的学科精神，也为学生提供了一种认识客观世界的新视角，对学生从小形成科学的品质有巨大帮助.

2.3.2　落实"统计与概率"中核心素养的教学建议

核心素养具有整体性、综合性和连贯性，是所有人为了适应个人终身发展和社会发展都需要必备的素养，是各种素养中最关键、最重要的共同素养（曹培英，2017）. 可以说，学生从学习中获得核心素养才是最终的教学目的. 因此，通过小学阶段对"统计与概率"内容的学习，学生能获得的数学核心素养以数据意识为主，同时重点发展了自身的几何直观、推理意识等核心素养.

几何直观的素养在"统计与概率"学习过程中也占据着重要地位. 例如在统计图的教学中，折线、条形统计图或扇形统计图都是用图形来刻画有关信息数据之间的关系的. 教师要让学生初步接触用图形反映数据，感悟数与形、形与数之间的转化，并将几何直观能力的培养自觉融入相应的教学过程之中.

小学"统计与概率"领域重点培养的是学生的合情推理意识. 例如，在学习"可能性"的课程里，它作为小学生心中"概率"的代名词，主要教学目标是了解事件发生的确定性和不确定性以及事件发生的可能性是有大小的，能列举出简单的随机现象中所有可能发生的结果. 掌握这些知识后，学生就能将其应用到日常生活中，从事实出发，根据统计结果作出自己的预测和选择，这也是合情推理意识最好的体现.

除此之外, "统计与概率"的教学中也体现了运算能力, 在"平均数"一节, 学生需要掌握求平均数的方法, 其中包含繁杂的计算, 这说明统计与数据是分不开的. 同样, 数据与运算也是分不开的, 数据在小学也是能够进行运算的数字, 需通过计数和运算得到结果. 通过练习之后, 学生就能从一堆数值小的数中, 轻易得出其平均数, 明显提升了学生的数感与运算能力.

故此, 给出几点教学建议, 通过在教学过程中重视学习过程、关注生活经验、结合多媒体, 帮助学生掌握"统计与概率"知识, 让数学核心素养生根发芽.

1. 亲近数据, 经历过程, 发展数据意识

观念的建立是需要亲身经历获得的, 要发展学生的数据意识, 首先应该创造条件, 有意识地让学生经历统计的全过程. 注重创设有效的问题情境, 让学生在数据分析的过程中, 体会数据中蕴含的信息, 感受数据的作用, 从而形成数据意识. 史宁中等 (2008) 对于统计的教学曾提出: "学生对这件事情不感兴趣是不行的, 所以我们教学很重要的是培养孩子们对于数据的感情, 使他们知道通过数据能够帮助人们做事, 通过数据判断比瞎猜好, 而这个数据自己也能够得到." 这句话的内涵是使学生对数据产生亲切感, 而亲切感来自学生通过真实的问题切实感受数据蕴含的信息 (曹培英, 2019). 例如, 某个教学活动中, 教师想让学生将学生的身高、体重的信息数据绘制成条形统计图, 若是直接给出某个班的学生信息数据, 学生不仅无法经历数据的收集, 也不知整理数据的意义, 无法感受统计的真实作用和意义. 因此, 我们可以安排学生分小组采集自己的身高、体重等信息, 给出儿童身高标准及体重表, 然后进行分类统计, 检查有哪位学生的身高、体重不在标准范围内, 再告诫学生要注意养成良好的生活和饮食习惯. 这样学生就能完整地经历一遍数据的收集、整理、描述、分析与判断, 经历运用统计知识和联系相关数据解决问题的全过程. 这样才能增强学生的数据意识, 使其真切感悟到统计的价值.

此外, 还应该根据问题的背景选择合适的方法, 通过数据分析让学生体验随机性. 例如, 在学习统计图表相关内容时, 可以创设有效且真实的问题情境: 为筹备新年联欢晚会, 准备什么样的水果才能最受欢迎? 以这个问题为主线, 开展数据统计活动, 让学生自己做决策, 真切地感受数据的作用和收集数据的必要性, 在解决真实问题的活动中, 学会收集、整理、分析数据的方法.

2. 创设生活情境, 亲临随机现场, 培养推理意识

小学生对生活中的事件有着非常丰富的感知, 他们的学习基础也非常依赖生

活中的经验．同时，"统计与概率"中的推理是合情推理，是一种可能性的推理；与其他推理不同的是，由统计推理得到的结论无法用逻辑推理的方法去检验，只能靠实践来证实．那么，在准确把握教学目标的基础上，创设的问题情境越接近于生活，越可以使学生如临其境，就越能充分利用学生已有的生活经验引入，越能帮助学生架起数学与生活之间的桥梁．例如：为筹备新年联欢晚会，准备什么样的水果才能最受欢迎？首先应由学生对全班同学喜欢什么样的水果进行调查，然后把调查所得到的结果整理成数据，并进行比较，再根据处理后的数据作出决策，确定应该准备什么水果．这个过程是合情推理，其结果能使绝大多数同学满意．推理意识的形成是一个缓慢的过程，有其自身的特点和规律，教师要将这种推理意识的培养有机地融合在数学教学中．

3．数据可视化，图表多样化，感受几何直观

统计图表具有直观性，而多媒体则能通过图片、动画使数据变得更加直观．图片、动画可以使图表生动形象地显现出来，充分展示数形结合的优势．因此，教师若在课堂上采用多媒体呈现多样化的图表的方式，通过列举丰富的教学案例，让学生感受几何直观，可以极大地节省教学时间，提高课堂效率，还能激发学生的学习兴趣．

2.4　综合与实践

小学生接受新鲜事物较快，正处于对事物的认知和对真理的探索阶段，因此，在小学时期如何使学生养成良好品德、发展自身个性、提升自我综合素质便是教育的关键所在（袁晶翠，2020）．数学核心素养就是一种很好的教学素材，既迎合现代化教育的新理念、新要求，让学生在生活实践中加深对数学知识的理解，又指引学生掌握科学合理的数学学习方法，强化核心素养的意识．小学数学"综合与实践"的教学内容主要由数学思想和数学应用两部分组成，具体安排如图2.5所示．

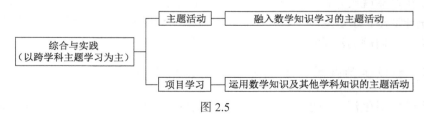

图 2.5

2.4.1　"综合与实践"的育人价值

20 世纪 90 年代，面对科技革命和知识经济的挑战，世界各国都在探索"为 21 世纪培养什么人"的问题，为此美国、英国、日本等国先后进行了教育改革，引发了一场全球性的教育改革运动．2001 年，国务院印发了《关于基础教育改革与发展的决定》，教育部印发了《基础教育课程改革纲要（试行）》，基于学生的自主探索和研究，面向学生的生活世界和社会现实，以培养学生创新意识、科学精神和实践能力为基本价值追求的新型课程——"综合实践活动"开始进入学校．

综合实践活动主要是指以学生的兴趣和直接经验为基础，以学生学习生活和社会生活密切相关的各类现实性、综合性、实践性问题为内容，以研究性学习为主导的一种学习活动，以培养学生的实践能力及体现对知识的综合运用为主要目的的一类新型课程．它的价值主要体现在以下几个方面：①逐步发展学习思维方式，包括训练思维的深刻性、提升思维的严谨性、锻炼思维的灵活性、加强思维的概括性；②逐步培养自主观察、动手操作、合作交流、探索和创造等认知实践能力；③锻炼个性品质，培养思想情感和道德品质、价值观．

小学数学综合实践活动是一个全新的课堂，它给学生更多自由发展的空间，给学生更多的时间去了解自我、关注社会，为他们打开学习知识的另一扇窗户，让学生用一双明亮的眼去观察，用一颗灵动的心去触摸，感受世界的多彩，体验生活的律动．

2.4.2　落实"综合与实践"中核心素养的教学建议

"综合与实践"这一部分的学习促进了学生数学抽象、推理、模型意识的形成．"集合""优化"内容的学习，是对学生创新意识培养的一大推动．"排列组合""逻辑推理""鸡兔同笼""植树问题"的学习，是学生逻辑推理和数学抽象思维建立的关键．数学来源于生活，又高于生活，因此，综合应用数学知识和方法解释日常生活现象，解决简单实际问题，既能培养学生数学应用意识，提高学生解决实际问题的能力，也是促进学生数学核心素养形成的好帮手．

"综合与实践"领域的课程是培养学生核心素养的重要载体．教师在教学中重视培养学生的模型意识、推理意识、应用意识、创新意识等，这对核心素养的发展有着重要意义．由此，提出以下几条教学建议．

1. 发展学生的模型意识

数学建模是一种遵循"问题情境—建立模型—求解验证"三个阶段的数学活动过程，因此，具体问题的设问是模型建立的开端。在教学中，教师需要逐步渗透和引导学生不断感悟来源于方方面面的数学问题，运用生活中的具体实例来调动学生的建模兴趣。在充分感知大量感性材料的基础上，组织学生经历观察、比照、操作等活动，引导学生逐步发现这些问题的共性，从具体的表象中抽象出数学的本质特征。同时，引导学生找寻数学思想方法，运用数学的知识解决实际问题，是学生建立建模思想的催化剂。从具体问题中抽象出数学模型之后，教师还应引导学生将模型运用到日常生活中去，让学生更易接受和理解。

例如，在人教版数学四年级下册的"鸡兔同笼"问题中，教师可借助"今有雉①兔同笼，上有八头、下有二十六足，问雉兔各几何？"的设问将学生带入古代的情境中，以此来调动学生的积极性，然后组织学生开展相应的实践活动，通过列表法、画图法、假设法等引导学生在探索的过程中初步建立起模型。教师选取"让兔子抬起两只脚"的假设法引导学生对本题进行分析，进而解决实际问题，总结学习经验。

2. 提升学生的推理意识

1）推理意识的培养应有机地融合到数学课程之中

推理意识的形成不是一蹴而就的，它有其自身的特点和规律。"数与代数""图形与几何""统计与概率""综合与实践"等内容均是推理意识培养的良好素材。在"综合与实践"教学中，应该组织学生多经历观察、实验、猜想、证明等活动过程，进一步拓宽学生推理意识的渠道，使学生感受到生活中有"数学"、有"推理"，养成善于观察、猜测、分析、推理的好习惯（龚祖华，2020）。

2）从日常生活经验中发展学生的推理意识

人们在日常生活、生产中常常需要推理，学生在日常的行为活动甚至游戏中也会用到推理。因此，要使学生从生活中感悟"推理"、感悟"数学"，教师在教学活动中就必须有意识地让学生养成推理的思维习惯，拓宽学生推理意识的渠道。

3）培养学生的推理意识，要注意层次性和差异性

推理意识的培养必须充分考虑学生的身心特点和认知水平，注意层次性和差

---

① 雉：鸡。

异性（杨豫晖，2012）. 例如，在人教版数学二年级下册的"推理"问题中，教师用课件动态出示"有《语文》《数学》《品德与生活》三本书，下面三人各拿一本"，再分别出示小红、小丽说的话，最后出示问题. 然后引导学生理解题意、分析问题并用自己喜欢的方式记录解决问题的过程. 运用连线法或者表格法进行推理，之后教师提出"为什么思考过程都是从'小红拿的是语文书'开始的"这一关键问题，以此让学生体会推理时先找到最关键的条件的重要性，由这个条件得到结论，进而帮助我们进行下一步的推理，层层分析，得到结论. 在实际推理时，往往选择最合适的方法来解答当前问题.

3. 培养学生的应用意识

要培养学生运用数学原理、思想和方法解决现实世界中的问题的意识. 教师可借助生活中的具体实例创设问题情境，让学生学会观察生活中的数学，引导学生在感性材料的基础上，通过合理的判断与推理，有条理地、清晰地阐述自己的观点，进而通过自己的思考，探索解决问题的思想和方法，并进行动手实践操作活动，完成教学任务. 让学生在生活情境中应用数学，用数学方法解决生活问题.

例如，在人教版数学六年级上册的"确定起跑线"的教学中，教师以学生参加运动会的跑道问题创设情境，这样贴近学生校园生活的情境，很容易引起学生兴趣. 教师课件出示校运会 100 米比赛和 400 米比赛的场面，提出"在起跑线上发现了什么"的问题，让学生思考并说出自己的想法和观点，进而出示跑道完整图，让学生合作探究"每条跑道由哪几部分组成""在每一条跑道上跑一圈的长度相等吗""怎样找出相邻两个跑道的差距"等问题，运用数学思想方法解决实际问题. 学生在学习过程中感受到数学与生活的密切联系.

4. 培养学生的创新意识

1）创设教学情境

利用学生的最近发展区设计教学情境，让学生"拾级而上". 对于小学生而言，多样化情境的创设是激发学生兴趣的一大手段，让学生在情境中感悟"数学"，感悟"学习"，并拉近生活与数学的距离，从而实现创新意识的激发.

2）密切联系生活

数学知识来源于生活并应用于生活，在创新意识的培养中要加强与生活实际的联系. 教师要对生活化的教学资源进行充分挖掘，让学生意识到数学知识离自己并不遥远，可以运用数学知识解决生活中的常见问题（马晚骋，2019）.

3）学生自主探究

学生养成独立思考的习惯是发展数学思维的有效方法．教师在教学过程中引导、鼓励学生自主探究，"质疑、发现和提出问题"，"在做中积累经验"并勇于使用创新的教学方法，将创新意识贯穿教学始终．这样不仅可以使学生养成良好的学习习惯，也能够使学生实现思维的拓展与延伸．例如，在人教版数学四年级上册的"优化"问题中，用"李阿姨到小明家做客"这一实例进行情境创设，拉近学生和本节课知识之间的距离．然后提出"如何让客人尽快喝到茶"这一问题，让学生进行合作探究，提出自己的创新点，并说出原因，感受问题解决的创新性，进一步让学生体会创新意识在数学中的重要意义．

第 3 章

落实核心素养的教学设计策略

《义务教育数学课程标准（2022 年版）》明确表述："数学在形成人的理性思维、科学精神和促进个人智力发展中发挥着不可替代的作用．数学素养是现代社会每一个公民应当具备的基本素养．数学教育承载着落实立德树人根本任务、实施素质教育的功能．"落实立德树人的根本任务的途径是提升学生核心素养，如何培养学生的数学核心素养成为一线教师必须思考的问题．本章将从领悟教材编写意图、确定教学目标、设计教学过程、转变教学方式、进行教学反思五个方面来谈落实核心素养的教学设计策略．

3.1 领悟教材编写意图

教材是教学的载体，是编写者写给学习者的书信．教师只有真正理解了教材编写者的意图，才能清楚地知道如何上课以及为什么这样上课．通过领悟教材的编写意图，教师才能实现从"知其然"到"知其所以然"再到"何以知其所以然"的层次深入．"知其然"的教师只能教给学生知识，而"知其所以然"与"何以知其所以然"的教师才能真正培养学生的核心素养．

教师如何理解教材编写意图呢？笔者认为，领悟教材编写意图的过程包含：梳理教材体系；理解数学概念的本质；明确知识的生长点、关键点和延伸点；挖掘内隐的数学思想方法．只有深入领悟教材的编写意图，才有助于教师创造性地使用教材．

3.1.1 梳理教材体系

对于具体的教学内容，教师应明确其所属模块在教材体系中是什么地位，它在模块内部中又是什么地位，因为具体内容的教学实施为模块服务，模块为整体服务．教师以整体的视角去研读教材，才能更好地认识教学内容的价值，处理好局部与整体之间的关系．例如，"轴对称"编排在人教版二年级下册和四年级下册的教材中，两次出现的内容层次有区别．二年级下册只要求在直观的基础上认识轴对称图形，初步认识对称轴；四年级下册则要求学生在折一折、画一画、数一数等活动中体会对称轴的意义，找出简单的轴对称图形有几条对称轴．二年级下册为了避开对称轴条数的问题，教学素材都没选用长方形、正方形等不止一条对称轴的图形．实际教学中，不少教师没有把握教材体系，在教学二年级下册的内容时，有意无意地就带出了四年级下册的内容．

3.1.2 明确知识的生长点

奥苏贝尔（1968）认为，有意义学习是指符号所代表的新知识与学习者认知结构中已有的适当概念建立非人为的、实质性联系的过程．他还在此基础上提出了先行组织者策略，强调已有认知结构的重要性．许多新概念的学习都需要以旧概念为落脚点．在数学教学中，教师只有在充分理解数学知识本质的基础上，找准知识生长的关键点及延伸点，新知识才能从学生的头脑中生长出来．

3.1.3 挖掘内隐的数学思想方法

基础知识和基本技能是教材编写的明线，而蕴藏在这些知识内容中的数学思想方法则是教材编写的暗线，是数学学科之魂．抽象、推理和建模是数学学科的基本思想，由这三个基本思想又可派生出其他数学思想方法．教师需要挖掘知识背后蕴含的思想方法，"授人以鱼"且"授人以渔"．

例如，教师在教学"平行四边形的面积"时，要挖掘并渗透转化、推理等数学思想方法，即引导学生从平行四边形左边剪下一个直角三角形，把它平移到原平行四边形的右边，拼成一个底与长相等、高与宽相等、面积相等的长方形，利用长方形的面积计算公式推导出平行四边形的面积计算公式．学生亲身经历剪、移、拼、推导、讨论、归纳的过程，掌握平行四边形的面积计算公式，获得数学活动经验并感悟其中的数学思想方法．挖掘数学思想方法，既有助于学生初步体会到几何图形的位置变换和转化是有规律的，为将来学习图形的变换积累一些感性经验，又有助于学生发展空间观念（黎兴贵等，2019）．

因此，介绍一种新概念时，教师们应该认真研读教材，让学生充分经历概念的发生发展过程，才能更好地帮助学生理解概念的本质.

3.2　确定教学目标

教学目标是教学设计的起点，确定科学、合理、可操作化的教学目标是教师理顺教学思路、优化教学的落脚点. 伴随课程改革的日趋深入，课堂教学目标从以三维目标（知识与技能、过程与方法、情感态度与价值观）为导向转向以核心素养为导向，因此在课堂教学中落实核心素养尤为重要.

制定以数学核心素养为导向的课堂教学目标的关键是将数学课程目标、单元教学目标细化为课堂教学目标，将数学核心素养的培养和发展转化为课堂教学行为、手段，落实在学生身上. 为此，教师可从以下三个方面着手确定课堂教学目标.

（1）关注内容选取，叙写简约实效的教学目标. 教学内容的选取是明确教学目标的关键. 教师需精准选取教学内容，以简驭繁地叙写教学目标，通过研读课标和考纲，揣摩教材与教参，抓住教学重点，摸清学习难点，特别要围绕主干知识开发课程资源，精心提炼教学立意，教学内容才简约而不简单.

（2）关注学习主体，叙写以人为本的教学目标. 尊重学生的主体地位是成功叙写教学目标的前提. 教学目标中怎样体现学生的主体地位？最常见的对策是采用恰当的句式表述，尤其重视行为动词的运用，以凸显教学目标的行为主体是学生而非教师，如避免使用"培养学生……"的句式，而要省略主语写成"（学生）能够……". 话语体系的转换当然有可取之处，但过度强调行为主体而忽视教师的主导性，可能会扭曲"学生为主体，教师为主导"的关系. 同时，也要明白仅仅依赖行为动词的创新表述是远远不够的，想要真正促进学生核心素养的发展，必须依靠切切实实的目标设计.

（3）关注评估反馈，叙写可教可测的教学目标. 核心素养的可教可测是教学目标成功实现的前提. 检测教学目标中核心素养达成的效果，需要教师理解数学学科核心素养的水平划分和质量描述，从不同角度采用不同方式对学生进行评价. 在叙写风格上，千万不能混淆教学目标与评价目标. 把评估反馈描述得既项目齐全又层级清晰，是评价目标的任务，评价目标一般以素养评价量表的形式出现在教师教学设计或学生随堂学案的末尾. 教学目标的可测性指的是通过评估教学重点难点的实施效果来检测学生核心素养的表现水平，所以只需融入评价策略而不必全面叙写细节.

综上所述，数学课堂教学目标的表述形式可为：一个目标包括一个动词和一个名词，动词描述预期的学习过程，而名词则给出了预期学生学习的结果．即路径（通过什么，经历什么，体验什么，探索什么）—行为动词（了解、理解、掌握、能、会）—结果（学生"四基"和"四能"产生的变化），终极目标是发展学生的某一个（或几个）核心素养．

需要注意一个目标不能含有不同层次的结果．例如，"理解、记忆基本不等式，并能灵活运用基本不等式求简单的最值问题"，其中"理解""记忆""灵活运用"是不同层次的结果，这样的目标应进一步分解，使一个目标只包含一个结果．

3.3　设计教学过程

在教学设计中，教师应在把握知识本质的基础上设计合理的教学活动，使学生能感悟其中的数学基本思想，培养学生的数学思维．首先，教师应关注知识的纵横联系，整体建构知识体系，使知识在学生的脑海中形成框架；其次，教师应通过情境体现知识的必要性和合理性，使学生知道知识来源于现实生活；最后，教师应通过问题串激发学生的求知欲，使学生形成合作学习、自主学习的习惯．为此，教师可从以下三个方面出发，进行教学过程设计．

3.3.1　把握整体性数学教学

小学数学教学中，学生学习的碎片化情形不容忽视，其有两种表现：一是所掌握的数学知识碎片化；二是解题思路、解题方法碎片化．整体化教学能有效改变这一现状，从系统的角度看待知识，建构数学知识结构体系，生成整体化的学习思路与方法，这有助于知识的迁移应用，真正落实核心素养．下面以"异分母分数加减法"为例，谈谈教师如何在教学中把握整体性．

【案例 3-2】异分母分数加减法（丁爱平，2019）

教师从整数加减法和小数加减法入手，先出示 $342+167$，$245-58$ 和 $7+0.6$，$5.2-2.59$ 两组算式，要求学生列竖式计算．在教学 $342+167$ 时，先让学生自己计算，然后询问学生是如何计算的，为什么这样算，如果改成 $342+67$，又该怎样计算．在教学 $245-58$ 时，教师采用故错法，把 58 的十位上的 5 与 245 百位上的 2 对齐，问学生是否正确，为什么，怎样纠正，从而加深学生对计算时数位对齐的理解．学生讨论交流，教师点拨，然后归纳：相同数位对齐，就是使计数单位相同，然后把计数单位的个数相加减. 第二组算式, 在学生说出先把小数点对齐, 然后再从低位开始相加或相减时, 教师继续追问"你又是怎么想的? 为什么这样算?", 从而引出: 小数点对齐, 就是使计数单位相同, 然后把计数单位的个数相加减. 接着, 教师又出示两道同分母分数的加减法: $\frac{1}{8}+\frac{3}{8}$, $\frac{5}{9}-\frac{2}{9}$. 先让学生讨论: 怎么算? 为什么这样算? 然后通过归纳得出: 分母相同, 就是分数单位相同, 所以只要把分数单位的个数相加减就可以了. 至此, 教师并没有结束, 而是追问: "谁能说一说同分母分数加减法和整数加减法、小数加减法的计算方法有什么相同的地方呢? "从而归纳出: 无论是整数加减法、小数加减法还是同分母分数加减法, 它们都是把相同计数单位的个数相加减. 在此基础上, 教师相继引出 $\frac{1}{2}+\frac{1}{4}$ 和 $\frac{5}{6}-\frac{1}{3}$, 采用故错法让学生讨论: 错在哪里? 为什么? 如何纠正? 教师引导: "你是怎么算的? 为什么这样算? 请你到黑板上做给大家看看. "这样, 通过对错解的比较, 教师使学生明白: 此题分数单位不同, 只有先通分, 化成同分母分数后, 它们的分数单位才相同, 才可以相加或相减. 最后, 在小结的时候, 教师问"通过今天的学习, 谁能用一句话概括地说一说计算整数、小数和分数的加减法的计算方法有什么共同的地方呢? ", 从而引导学生得出: 无论是整数加减法、小数加减法还是分数加减法, 都是在计数单位相同的情况下把计数单位的个数相加减. 教师板书时用彩色粉笔, 突出"个数"两字.

以上的案例, 将小学阶段的整数、小数的加减法与分数加减法融会贯通, 使碎片化的数学知识结构化, 帮助学生形成完整的知识结构, 同时使学生认识到数学知识间的关联. 我们在遇到新问题时, 可以把它转化为旧知识来解决, 从而使学生理解事物之间相互联系的辩证唯物主义观点.

3.3.2　创设真实合理的教学情境

核心素养是在特定情境中表现出来的知识、能力和态度, 创设合适的情境有利于学生感悟、理解、形成和发展核心素养. "情境教学"本质要包含"情"与"境"两个方面: 一方面, 要以"情"为"经", 将学生学习的兴趣、情绪、情感体验、美感等方面摆放在教学应有的位置上; 另一方面, 要以"境"为"纬", 以学生的生活实际为基础, 创设相应具体的教学情境, 为教学的顺利进行开辟新的途径 (栾庆芳等, 2006).

1. 呈现真实情境，激发学习兴趣

通过创设具体的生活情境，引发学生的认知冲突，激发学生的主体能动性，并提高学生的各项数学能力，引导学生不断地思考和尝试. 下面以"角的度量"为例，谈谈教师如何通过真实情境来激发学生学习的兴趣.

【案例 3-3】角的度量（华应龙，2007）

教师先出示图 3.1 中的第 1 个倾斜度比较小的滑梯，然后问："玩过吗？"学生兴奋地说："玩过."接着教师出示第 2 个倾斜度稍大的滑梯，问："想玩哪个？"大多数学生说："第 2 个."教师出示第 3 个倾斜度比较大的滑梯. 大多数学生仍说："第 2 个."此时教师笑着问："为什么？"生 1："第 3 个太斜了."生 2："第 3 个太陡了."教师肯定地说："'斜'字和'陡'字用得好！仔细观察滑梯与地面的夹角（抽象出角①～③），滑梯陡与不陡跟这个角有关系吗？"众生齐说"有". 教师追问："那么滑梯的角多大才算合适呢？这就需要量角的什么？"学生："大小." "对！今天这节课我们就一起来学习'量角的大小'."

①   ②   ③

图 3.1

这样的活动设计，将情境设计与学生的日常生活联系起来，并指向要研究的问题，既能调动学生的生活经验，使学生明白了角度概念与我们生活息息相关，又能激发学生的学习兴趣和学习热情，引导学生把实际问题转化成数学问题.

2. 引导学生合作学习，依据情境开展探究

对于较难的探究问题，由于学生的认识水平有限，思维面较为狭窄，教师课堂上应适当进行引导和提示，采用小组合作学习的方式，构建师生"学习共同体"，使学生更加了解探究的目标和大致的方向，提高探究问题的效率.

3.3.3 设置合理的问题串

学习知识是一个创造和发现的过程，要求教师与学生、学生与学生之间共

同针对某些问题进行探索，并在探索的过程中相互交流和质疑，了解彼此的想法．"问题串"教学模式能很好地激发学生的思维，让学生真正"动"起来（宋峰宇，2019）．

问题串的设计得有梯度，可让学生由易到难逐步掌握数学概念，逐步推进其学习进程．设置问题串，不断地提出问题，使学生陷入认知冲突之中，再进行启发、引导，通过师生、生生之间的交流和质疑产生积极的互动．以问题串引领教学，要求问题的设计要"一线牵之"，组成问题串的每个问题是循序渐进、层次分明的，同时能引起学生的思考，即注重问题的主线性、层次性和探究性．

下面以人教版数学六年级上册第四单元第一课时"圆的认识"教学片段为例，详细展示"问题串"教学对学生核心素养的培养的作用．

【案例 3-4】圆的认识（沈利玲，2019）

教师可先在黑板上用圆规画一个圆，然后在圆上取两个点，分别与圆心用线连接．

接着设置问题串：

问题 1：这两条线段的特点是什么？

问题 2：这两条线段该怎么称呼？

问题 3：什么样的线段才可称为半径？

问题 4：为什么圆上任意一点与圆心连接得出的线段为半径？

问题 5：你认为一个圆可画出多少条半径？

问题 6：为什么说一个圆的半径有无数条？

通过这样的问题，由浅至深引导学生理解圆半径的概念．这样设计问题还可激发学生通过实际操作验证问题的意识，培养与提升学生的实践操作意识和能力．

3.4　转变教学方式

发展学生核心素养不仅需要教师改变教学理念，而且需要教师转变教学方式．传统的"教材中心"的教学内容观导致学生文化基础素养培育片面化，"教师中心"的教学主体观影响学生的自主发展，"课堂中心"的教学时空观导致学生社会参与度偏低．为此，教学内容的组织应指向"核心能力"，教学主体应定位于"师生双主体"，教学时空应向"课外"延伸（张云丽等，2017）．

3.4.1　教学内容组织指向"核心能力"

　　学生核心素养的核心不是单纯地获取知识技能，也不是单纯地培养兴趣、动机、态度，而是在学生学习过程中，重视其运用知识技能的能力，培养其解决现实课题所必需的思考力、判断力、表达力及其人格品性（钟启泉，2016）. 核心素养的培育要求教师在教授学生知识的同时，发展学生的能力，处理好知识、能力和品格之间的关系. 教师要明确知识是基础，发展能力和品格离不开知识的学习，同时知识也是手段，其最终目的是发展能力和品格.

　　教师在传递教学内容时要转变传统的"满堂灌"和"死记硬背"的教学方式，注重将话语权移交给学生，发展学生的思维能力. 教师要顺应核心素养的潮流，切实抓好学生核心素养的培育工作，采用适合学生发展的教学方式开展教学活动，让学生在课堂上不仅可以学习知识，还能养成令其终身受益的能力和品格.

3.4.2　教学主体定位于"师生双主体"

　　学生核心素养是指从学生的全面发展角度出发，使学生未来得以适应社会发展的需要，促进学生个人能力和素养的发展（辛涛等，2014）. 近年来，学生在课堂中地位逐步上升，把课堂还给学生的提法屡见不鲜，但这并不意味着教师完全处于从属状态. 学生的学习离不开教师的教导，教师在教学活动中至关重要. 因此，培育学生的核心素养需要把教师和学生共同置于中心地位，实现教师和学生的共同发展.

　　教学主体要从教师单一主体转向师生双主体. 在教育教学过程中，教师要把课堂权力下放，尊重学生的话语权，让学生意识到自己也是课堂的主人，充分发挥主体意识. 教师要站在学生的角度思考问题，采用多样化的教学手段组织教学，增强课堂教学的实用性和趣味性，引导学生广泛参与课堂讨论. 在教学过程中，教师不仅要引导学生学习知识，培养学生的学习兴趣、创造力和想象力，而且还要提高自身的教学组织能力.

3.4.3　教学时空向"课外"延伸

　　核心素养的提出使人们的视角不再停留于知识层面，而是转向学生的关键能力和必备品格. 课堂学习可以满足学生知识层面的需求，但能力和品格还需在具体的实践中形成.

教学时空要从课堂中心向课外延伸,这就需要教师带领学生进行实践学习.教师可以带领学生参加社会性服务,帮助学生树立正确的价值观和社会责任感,还要在具体的实践中传达给学生正确的价值理念,培育学生的核心素养.

3.5　进行教学反思

教学是一个不断向前推进的螺旋式上升的循环过程,如图 3.2 所示(陈向明,2011;Lewis et al.,2010).教学具体实施过程并不会随着授课的结束而终结,而反思也是其关键环节.

准备　计划

反思　授课

图 3.2

教师的反思内容主要聚焦于教学、学生和自身三个方面.首先,教师需总结课堂观察和教学反馈的结果,包括学生在这堂课的表现、学生对知识的理解、学生参与课堂的情况及互动情况等.其次,教师根据观察与反馈结果进行反思:教材编写意图是否准确领悟;教学目标的制定是否科学、合理、可操作化;教学过程的设计是否能培养学生的数学核心素养;教学方式是否符合新课标理念等.最后,提出具体的教学改进意见,并根据结果修订或重新设计教学方案.如有必要,进入下一轮的教学实践,在不断循环的过程中逐渐完善教学方案,培养学生的核心素养.

数学核心素养的培养不是一蹴而就的,数学教学目标的达成也不是一帆风顺的,需要教师对每节课进行精心准备和生动演绎.教师坚持进行教学反思可以不断促进其反思能力的提升,促进其深入挖掘现象背后的教育教学规律.教师在反思性实践中可以挖掘专业发展的潜能,促进理论知识的学习和个人实践智慧的持续发展,从而逐步向专家型教师转变.

第 4 章

小学数学教学设计案例

根据教学任务的不同，小学数学课可被划分为新授课、练习课、复习课三种主要课型.

4.1 新 授 课

数学新授课主要可以分为概念课、命题课两种主题课型.

4.1.1 概念课

数学概念反映的是数学对象的本质属性和特征. 一般来说，概念有四个组成要素，即概念的名称、定义、例子和属性（曹才翰等，2006）. 数学概念包括内涵和外延，内涵是数学概念所反映对象的本质属性，如"圆"这个概念的内涵是平面内到定点的距离等于定长的点的集合，这是圆的本质属性，至于圆心的位置、半径长短等不是圆的本质属性；外延是具有相同本质属性的对象，如圆心不同而半径相同的所有圆都是外延（郭玉峰等，2015）.

数学概念教学的一般步骤包括概念引入、概念形成和概念内化. 在概念教学中要注意：概念的引入要自然，凸显新概念学习的必要性；教学过程中要注重知识的形成过程，通过举正反例、变式辨析、剖析关键词等方法使学生明确概念的内涵和外延，把握概念的本质属性，防止非本质属性泛化；针对概念的特点，借助直观教学，帮助学生形成概念；注重概念之间的联系，形成概念体系，建立知识网络.

理解某一个数学概念，不能简单地局限于概念的文字表述，应明确教学内容，明晰知识之间的内在联系，深入把握数学概念的本质. 不同的认知过程会形成不同的理解水平，若是单纯传授概念的定义，其认知过程主要是模仿、记忆、强化，只能达成"工具性理解"；若是突出数学知识之间的本质联系，其认知过程则重在经历、感知、体验，就会形成"关系性理解"（聂艳军，2014）.

【案例 4-1】"三角形的特性"教学设计①

一、教学内容

人教版小学数学四年级下册第五单元第一课时"三角形的特性".

二、教材分析

本节课的学习是在学生已经初步认识了三角形和平行四边形，知道"顶点""边""角""底""高"的含义，知道"对边"的含义，会画平行四边形的高等知识基础上进行教学的．学生对三角形的认识是学习平面图形知识的起点，将为学习平面几何、立体几何打下基础．教材的编排既关注学生的已有经验，强调数学知识与现实生活的密切联系，又重视让学生通过观察、操作、推理等活动，逐步认识三角形．

三、学情分析

这学段的孩子已经积累了一些三角形初步认识的直接经验，对周围事物的感知和理解能力不断提高，探索图形及其关系的愿望不断增强，具备了一定的抽象思维能力，但他们仍然以形象思维为主，抽象概括的能力还比较弱，还需要在情境和活动中认识图形及其特征．

四、教学目标

（1）联系生活实际，并通过摆、画等活动，认识三角形的特性，知道三角形的定义、三角形各部分名称及底和高的含义、三角形的稳定性．

（2）在活动中感受三角形与四边形的联系，感受转化思想、感受数学与生活的联系．

（3）在探索的过程中进一步发展空间观念，提高观察能力和动手操作能力．

五、教学重点

理解三角形的定义，理解三角形底和高的含义，会画三角形的高．

六、教学难点

建构三角形的定义，理解三角形有三组相对应的底和高，画直角三角形的高．

---

① 本教学设计由江西省赣州市大余县东门小学曾庆林提供.

七、教学准备

多媒体课件、实物展示台、三角形及平行四边形学具、小棒、作业单.

八、教学过程

（一）直入课题，明确目标

（1）出示三角形（课前画好）并提问：你们认识它吗？（认识，这是三角形.）这节课，我们就一起走进三角形的世界，去研究它的特性.

（2）板书课题：三角形的特性.

【设计意图】直入课题，唤醒学生已有经验，使他们明确学习的目标，可以有效激发学生的学习动机.

（二）激趣导思，体验探究

1. 联系生活，学习三角形的稳定性

（1）提问：你们在生活中见过三角形吗？

（2）追问：你们能找出其中的三角形吗？（播放课件：生活中的三角形.）

（3）质疑提问：为什么这些物体中有些部分做成了三角形形状呢？三角形有什么特殊的地方呢（图4.1）？

图4.1

（4）操作理解三角形具有稳定性：我们做两个实验来看看.

实验一：用3根小棒摆三角形，用4根小棒摆四边形，各能摆出几个不同的图形？

问题 1：可以摆几个不同的三角形？（预设：只能摆一个．）

问题 2：可以摆几个不同的四边形？（预设：可以摆无数个．）

问题 3：你知道为什么吗？（预设：因为 3 根小棒长度固定了，角度就固定了，不管怎么摆都是一样的．4 根小棒长度虽然固定了，角度却可以变，所以可以摆无数个．）

实验二：我们再来拉一拉三角形和四边形（拿出准备的学具）．师生一起互动．

提问：你发现了什么？

（预设：三角形怎么拉也拉不动，四边形很容易就拉变形了，可见三角形具有稳定性，四边形不具有稳定性．）

（5）稳定性应用：说说为什么这些物体中有些部分做成了三角形呢？（预设：因为三角形比较稳定，不易变形．）

应用三角形的稳定性解决问题：修椅子（预设如图 4.2 所示）．

图 4.2

为什么这样就能加固椅子了？

（预设：因为这样就把四边形转化成了三角形，而三角形具有稳定性．）

【设计意图】从找生活中的三角形，到质疑"为什么这些物体的有些部分做成了三角形"，再到操作实验探究"三角形有什么特殊的地方"，让学生的探究和学习有明确的目的，通过两个实验操作得出结论——三角形具有稳定性，再把这个特性应用于解决生活中的问题，真正突显数学源于生活又回归生活．

2. 活动体验，学习三角形的特征和定义

（1）导语：三角形具有稳定性，在生活中有很多应用，那你会画一个三角形吗？

（2）画一个三角形．（课件呈现要求：画一个三角形，想一想三角形有几条边、几个角、几个顶点．）

（3）交流展示：他们画的这些三角形有什么共同的特点？（预设：都有三条边、三个角、三个顶点．）

（4）"反向厘清"凸显概念本质：淘气和笑笑也各画了一个（图4.3），我们来看看.

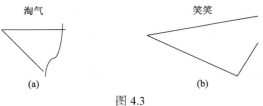

图4.3

师：淘气画得对吗？

生：不对.

师：为什么？

生：因为有一条边不是直的.

师：三角形的三条边应该是？

生：线段.

师：笑笑画得对吗？

生：不对.

师：为什么？

生：因为边没连到.

师：哪儿要连到？

（通过操作白板课件，理解要首尾相连.）

师：那究竟什么是三角形呢？对，由三条线段围成的图形（每相邻两条线段的端点相连）叫做三角形.

师：下面这些图形是三角形吗？

[课件出示（图4.4），学生判断并说理.]

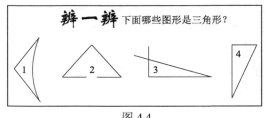

图4.4

（5）创设情境，理解用字母表示的必要，"这个三角形"，你知道该表述说的是哪个三角形吗？要让表达更方便，可以给三角形取个名字，我们可以用 A，B，C 表示三角形的3个顶点（边说边板书），那这个三角形就叫做三角形 ABC.

（6）用字母把自己画的三角形表示出来.

【设计意图】在"画一画""辨一辨"等活动中慢慢理解三角形的概念. 理解概念时, 通过正面强化其要点, 固然可以实现, 但如果再加上"反向厘清", 从反例出发, 通过比较、辨析等凸显三角形的概念本质, 更能促进学生对其含义的深刻理解.

3. 批判质疑, 学习三角形的底和高

（1）感悟三角形的高.（课件出示两个高矮不同的三角形 ABC 和三角形 DEF.）提问：你觉得这两个三角形长得一样吗？（不一样, 一个高一些, 一个矮一些.）它们的高不一样? 知道什么是三角形的高吗?

（2）回顾平行四边形的高：我们学习过平行四边形的高, 还记得吗？一起回顾一下（微课动态演示平行四边形的高）.

（3）自主学习. 三角形的高又是指什么呢？请同学们带着以下问题学习课本第 61 页的内容：画三角形的高是从哪一点作哪条边的垂线？画三角形的高用什么学习工具？怎样画三角形的高？

（4）集体交流.（预设：画三角形的高是从三角形的一个顶点到它的对边作一条垂线, 顶点和垂足之间的线段叫做三角形的高, 这条对边叫做三角形的底. 操作：画出黑板上三角形的高, 在交流和操作中初步理解三角形的底和高的含义.）

（5）批判质疑, 深刻理解三角形的底和高以及底和高的相互依存关系：选一选哪条是三角形 DEF 的高（图 4.5）？

（重点理解底、高的含义及三角形有三组相对应的底和高.）

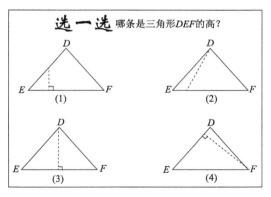

图 4.5

（6）操作：对高有了更深刻的理解了, 你会画三角形的高了吗（图 4.6）？

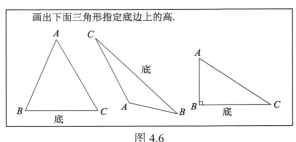

画出下面三角形指定底边上的高.

图 4.6

（7）集体交流：用直角三角尺验证．理解直角三角形的两条直角边互为底和高．

【设计意图】三角形的高比较抽象，教学时创设情境："两个三角形长得一样吗？"首先让学生直观感受三角形的高，再通过平行四边形底和高知识的迁移、三角形高相关内容的自主学习及交流等活动逐步丰富学生对三角形底和高的认识，然后通过"选一选哪条是三角形 *DEF* 的高"，使学生在批判质疑的过程中深刻理解三角形底和高的含义以及底和高的相互依存关系，最后在画三角形高的活动中不断深化理解．

（三）各抒己见，小结全课

（1）引导总结：同学们真了不起！通过探究更深入地认识了三角形，你都知道了什么呢？

（2）回归课本，提出疑问：这节课学习的内容在课本第 60～63 页，请同学们打开课本认真阅读，并提出疑问．

【设计意图】爱因斯坦曾说：提出一个问题往往比解决一个问题更重要．小结全课时，教师不仅要引导学生评价自己的学习，反思学习所得，提高他们的元认知发展水平，而且要帮助学生养成善于提出问题的习惯．

九、板书设计

板书设计如图 4.7 所示．

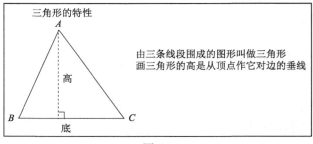

三角形的特性

由三条线段围成的图形叫做三角形
画三角形的高是从顶点作它对边的垂线

图 4.7

【赏析】

　　对于小学生来说，三角形这一内容的学习在平面图形系统的学习中占有很重要的位置，四边形等其他多边形的认识都是以三角形为基础的．三角形的特性是这部分的起始内容，学生在前一学段虽然初步认识了三角形，但三角形概念的理解尤其是三角形底和高的理解对于他们来说还是较为抽象的．基于以上认识，教师从学生熟悉的生活实际出发，精心设计教学活动过程，让学生充分参与，激发学习兴趣，引发数学思考．比如，在摆一摆、拉一拉三角形和四边形的活动中，学生通过感悟和比较，发现三角形独特的地方——三角形的稳定性，从而达到深刻理解；在"选一选哪条是三角形 *DEF* 的高"活动中（图 4.5），充分引发学生的思考，在"图 4.5 中的图形（4）画的是不是高"的质疑争论中，深刻理解了"三角形的高是从顶点到它对边的垂线""三角形有三组相对应的底和高"等抽象的内容，发展了学生的批判性思维，培养了创新能力．以生为本的教学设计重在创设学习活动，激发学习兴趣，引导学生在活动中充分思考，在思考中引发辨析，在辨析中探究和理解新知，不断发展学生的应用意识和创新意识．

4.1.2　命题课

　　数学命题是能够判断真假的陈述句，一般由若干概念组成，揭示概念间的关系，表示某种规律（聂艳军，2014）．除此之外，公式、法则、性质等也是命题的不同形式，所以这里将数学教材中的原理（包括定理、公式、法则、性质等）统称为命题．

　　数学命题教学的一般步骤包括命题的发现、命题的形成和命题的应用．数学命题的教学设计，应体现数学发生发展的完整过程．在进行命题的发现时，最好通过实验等手段，让学生先思考，提出问题，尽可能还原数学家发现问题的思维过程．要给学生充足的时间和空间让其经历知识的"再发现"过程．教师的引导要指向元认知，而非仅指向知识点．在命题的探究发现过程中，让学生感悟数学思想方法，积累可以进行迁移应用的知识与内容，提升思维品质、探究能力，感悟追求真理的精神．命题的形成强调对命题的条件和结论进行全面的分析，从本质上加深对命题的理解．对于命题的应用，要注意分层，由易到难设置例题、习题．

【案例 4-2】 "三角形三边关系" 教学设计①

一、教学内容

人教版小学数学四年级下册第五单元三角形例 3、例 4.

二、教材分析

教材共有 2 个例题，例 3 是学习什么是两点间的距离，例 4 是探究发现三角形任意两边之和大于第三边的关系. 本课在学生学习了线段，认识了三角形特征的基础上进一步研究三角形的三边的特性；学习两点间的距离是研究几何距离的开始，为后面研究点与线的距离、平行线之间的距离奠定了基础. 三角形的特性一般从角和边两个方面进行研究，本课是从边的角度来探究三角形的特性的. 两个例题从表面看起来没有什么紧密关联，但仔细分析可以发现，研究三角形三边的长度关系其实就是研究两点间的距离的关系，这是研究三边关系的一个认知基础，为后面发现和理解任意两边之和大于第三边提供认知基础.

三、学情分析

学生有较丰富的生活经验和认知经验，两点间的距离这一数学概念对于学生来说挺新鲜，但在生活中学生却并不陌生. 比如在路线的选择中学生都知道走直线是最短的. 学生的生活经验是很丰富的，可以在此基础上进行三边关系的研究. 纵观许多公开课教学，发现学生的学习难点都聚焦在例 4，学生在操作中难以认识到任意两边之和都会大于第三边这一特性，在判断三条线段能不能围成三角形的时候，受顺序的影响，学生常常会拿三根线段中的前两根与第三根做比较，造成判断出错. 学生不能考虑任意两边之和与第三边的比较，或者用较短的两边之和与最长边的比较的简单方法. 基于以上学情的分析，本课对教材的使用做了大胆的创新，在例 3 中就对两点间的距离和三边关系进行了探究，例 4 则作为学生进一步探究三边关系和判断能否围成三角形的操作应用. 实践证明，以上创新从学生的生活经验出发，找准了学生的最近发展区，学生学得简单，教师教得轻松，难点得到了很好的突破.

四、教学目标

（1）认识两点间的距离，掌握三角形任意两边之和大于第三边的数学特性，对三条线段能否围成三角形做出正确判断.

① 本教学设计由江西省赣州师范高等专科学校附属小学刘才军提供.

（2）通过独立思考、动手操作、合作交流等学习活动，在探究三边关系的过程中培养符号意识、优化意识，提升操作能力和推理意识，积累拼摆的数学活动经验．

（3）能根据三边关系解释生活中的现象，体现数学与生活的密切联系，激发学习数学的兴趣．

五、教学重点

掌握三角形任意两边之和大于第三边的三边关系．

六、教学难点

探究任意两边之和大于第三边的关系；发现用较短的两边之和与最长边做比较的简单判断方法．

七、教学准备

四组用于拼摆操作的小棒；课件．

八、教学过程

（一）联系生活，创设情境

师：孩子们，随着国家的现代化建设，现在的道路交通越来越便利了，人们出行的途径也越来越多了，比如咱们来学校的路就有好多条，你们一般会走哪条路呀？

生：走最近最好走的路．

生：……

师：小明家到学校的交通也很便利．瞧！这是他家到学校的路线图（图4.8）．现在老师给每一段路标上一个名称：小明家到邮局的这段路标为①，邮局到学校的路段标为②，小明家直接到学校的路段标为③，小明家到商店的路段标为④，商店到学校的路段标为⑤．请看大屏幕．

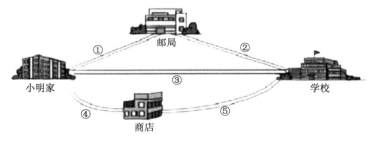

图4.8

【设计意图】从道路交通的情境切入，体验数学源于生活．通过用序号来表示路段的方法，培养学生的符号意识，同时便于后面的交流和表达．

（二）激活经验，探究两点间的距离

师：观察主题图，小明去上学共有几条路可以走？走哪条路最近？

生：共有 3 条路可以走，第一条路是路过邮局再到学校，第二条路是直接到学校，第三条路是路过商店到学校．第二条路是最近的，因为它是直路．

1. 写一写，用符号表示路线

师：老师把你说的路线这样来表示：从小明家出发，路过邮局到学校的路线可以表示为①—②，其他几条路线你也能像老师这样表示吗？

生：第二条路用③来表示，第三条路用④—⑤来表示．

师：这几条路中，哪条路是最近的？

生：路线③是最近的．

师：如果老师把各个地方看成一个点，把各条路线看成一条线，就可以画出如图 4.9 所示的路线图．

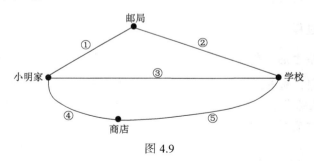

图 4.9

2. 想一想，揭示两点间的距离

师：小明家和学校各为一个端点，那这条直直的③号线就是一条线段，两点之间所有的连线中，线段是最短的．你们知道这条线段的长度在数学中叫什么吗？对了！叫做两点间的距离．

3. 描一描，巩固两点间的距离的认识

师：你能在图中描出小明家到邮局、邮局到学校的距离吗？

生：……（学生上台描出两点间的距离．）

4. 辨一辨，深化两点间的距离的认识

师：路线④是小明家到商店的距离吗？

生 1：不是，因为这是一条弯曲的线，不是一条线段．

生 2：两点间线段的长度才是两点间的距离，线段是直直的，所以④不是它们之间的距离．

师（小结）：你们说得真有道理，看来两点间的距离是指两点间线段的长度．

【设计意图】两点间的距离虽然并不难，但却是学生后续学习的重要知识基础．本环节通过开展让学生说一说、描一描、辨一辨等活动，调动学生的感观，激发学生思考，巩固了学生对两点间的距离的认识．

（三）探究三边关系

师：我们今天就来研究两点间的距离之间的关系．咱们把不是两点间的距离的路线去掉，如图 4.10 所示，你们看，它形成了一个什么图形？

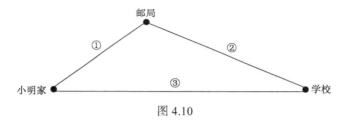

图 4.10

生：三角形．

1. 研究③号边与①、②号边的关系

师：三条路就是三角形的三条边．小明家到学校共有两条路线，最近的是线段③，它比路线①—②更近，我们怎样用一个式子来表示它们之间的长度关系呢？

生：①+②>③．

2. 研究其他关系

师：小明家到邮局又有几条路呢？哪条路最近？你也能用式子来表示它们之间的长度关系吗？邮局到学校呢？

生 1：小明从家到邮局共有两条路，分别是①和③—②，①号路最近，用式子表示是③+②>①．

生 2：邮局到学校也有两条路，分别是②和①—③，②号路最近，用式子表示是①+③>②．

3. 观察发现

观察三角形和上面的算式，你发现了什么？

生1：三角形的两边之和大于第三边．

生2：三角形的任意两边之和大于第三边．

师：你为什么要加上"任意"这个词？

生2：就是随便两条边之和都会大于第三边的意思.

师：说得太好了，我们一起来看看三角形和这些式子，不管是哪两条边之和都会比第三条边更大.老师要把你们伟大的发现写下来（板书：三角形任意两边之和大于第三边）.这就是三角形三边的关系（顺势提示课题：三角形三边关系）.

【设计意图】对于三角形的三边关系，学生利用已有生活经验就能理解.基于以上学情，探究三角形三边关系从原有情境出发，借助两点间线段最短这一个数学事实，通过三个不等式表示三角形任意两边之和与第三边的关系，再让学生观察发现，学生很容易就能发现并归纳出三角形任意两边之和大于第三边的结论.这一设计从学生学情出发，尊重学生的认知经验，让经验与数学实现融合，较好地突破了本节课的学习难点.

（四）动手操作，再探关系

1. 设疑

师：刚才我们通过探究发现，围成三角形的三条边有这样的关系.如果我们拿三根小棒来围一个三角形，是不是任意长度的三根小棒都能围成一个三角形呢？

生1：能.

生2：不能.

师：到底能不能呢？我们一起来研究研究.

课件出示4组小棒的长度（单位：厘米）：

（1）6，7，8；　　　　　（2）4，5，9；

（3）3，6，10；　　　　　（4）8，11，11.

2. 猜一猜

哪几组的小棒是可以摆成三角形的？

3. 小组操作

两人小组合作，一人摆，一人记录操作结果.

4. 全班汇报

师：哪几组摆成了？哪几组没摆成？

生1：（6，7，8）、（8，11，11）、（4，5，9）摆成了，（3，6，10）没有摆成.

生2：我们组有不同意见，我们觉得（4，5，9）摆不成三角形.

师：我来总结一下大家的意见，现在我们可以确定的是（6，7，8）、（8，11，11）能围成三角形，（3，6，10）不能围成三角形，（4，5，9）大家还有争论，既然有争论，咱们等会儿再讨论.

师：咱们先来看一看（3，6，10）为什么围不成三角形．你能到上面来围一围，演示给大家看一看，并说一说围不成的道理吗？

生 1：（上台操作直观演示）较短的两条边合起来还没有 10 厘米长，根本立不起来，成不了三角形（图 4.11）．

图 4.11

师：你能用一个式子来表示不能围成的道理吗？

生 1：3+6<10（没有大于）　摆不成（板书）

师：那（4，5，9）能不能摆成？刚才有两种争论，先请说能围成的同学上台来围给我们看看．

生 1：（上台操作直观演示）这两根较短的两条边还是能够立起一点点来的，所以我们认为可以围成三角形．

师：对于他的演示（图 4.12），大家有什么意见吗？

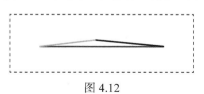

图 4.12

生 3：我不同意他的意见，它是立起来了一点，但是左边的端点有些偏离了，所以我觉得是没有围成的．

生 4：我也觉得没有围成，我是这样想的，假设它们可以围成三角形，那任意的两边之和会大于第三边，可是这里的两边之和正好等于第三边，所以我觉得围不成．

师：他讲得怎么样呀？太精彩了，能用前面的发现来进行解释说明，好样的！谁再来说一说？

生：……

师：那你们能用一个式子来表示不能围成三角形的原因吗？

生：4+5=9（没有大于）　摆不成（板书）

师：那为什么剩下的两组都能围成三角形呢？你能说说其中的道理吗？

生1：在（6，7，8）这组中，较短的两条边之和大于第三条边，所以可以围成．

师：你能用一个式子来表示能围成的原因吗？

生1：6+7>8　能围成（板书）

生2：在（8，11，11）中，8+11>11，所以能围成，而且围成了一个等腰三角形．

师：老师把你的理由写下来（板书：8+11>11能围成）．

5. 归纳总结

（1）想一想，议一议：怎样的三条线段才能围成三角形？先想一想，想好后四人小组内说一说．

（2）汇报交流．

生1：我发现两边之和要大于第三边才能围成三角形．

生2：我认为要加上"任意"两个字，像第二组（4，5，9）中，4+9>5，但是还要考虑4+5=9的情况，所以要考虑任意情况．

生3：我发现一个简单方法，只要看较短的两条边之和大于第三边就行，因为较短的两边之和大于第三边，那任意两边之和都会大于第三边了．

师：说得太好了！同学们能根据你们的发现解决有关三角形的问题吗？

【设计意图】为了让学生进一步理解三角形的三边关系，安排了摆三角形的活动，让学生经历"猜想—验证—归纳"的探究过程．为了突破"判断三条线段能否围成三角形"这一难点，让学生凭直觉进行猜测，激发学生后续操作验证的兴趣．在验证过程口，首先让学生对不能围成的三条线段进行操作，让学生建立任意两边之和必须大于第三边的认识；再对无法做出判断的第二组线段进行操作验证和推理判断，让方法与原理有机融合，进一步加深学生对任意两边之和必须大于第三边的认识，培养学生的推理意识和动手操作能力．

（五）巩固新知，内化提升

1. 基础练习

判断下列各组中的3根小棒能不能围成三角形，并列出式子来说明理由．

（1）3，4，5　　　（2）3，3，3

（3）2，2，6　　　（4）3，3，5

生：第一、第二、第四组能围成三角形，因为3+4>5，3+3>3，3+3>5．两条短边之和大于第三边，所以都行；第三组2+2没有大于6，所以不能围成三角形．

师：这说明只要看较短的两条边之和与最长边的比较，如果大于最长边，就可以围成；如果没有大于最长边，就不能围成．

2. 提升练习

刚才我们发现例 4 中的（4，5，9）这三根小棒是不能围成三角形的，原因是较短的两边之和没有大于最长边．如果我们把 4 厘米延长 1 厘米，那能不能围成三角形？延长到 6 厘米呢？7 厘米呢？可以无限延长吗？最长是多少？

5，5，9	5+5>9	能
6，5，9	6+5>9	能
7，5，9	7+5>9	能

……

13，5，9	5+9>13	能
14，5，9	5+9=14	不能

师：看来最长只能延长到 13 厘米．超过 13 厘米，较短的两边之和不会大于最长边，就围不成三角形了．

3. 开放练习

用 6 厘米、8 厘米和（ ）厘米的三条线段围成一个三角形，第三条线段最长能填几？最短能填几？（填整数）

生 1：看最长能填几，那就要把第三条边作为最长边，6+8=14（厘米），和要大于最长边，所以最长边只能是 13 厘米．

生 2：看最短能填几，那就要把 8 厘米作为最长边，6+（ ）的和要大于 8 厘米，所以最短只能填 3 厘米．

（六）全课总结，回顾反思

师：咱们这节课学习了什么？你有什么收获呢？

九、板书设计

```
                    三角形的三边关系
两点间的所有连线中线段最短，它的长度就是两点间的距离
                    ①+②>③
                    ②+③>①
                    ①+③>②
三角形任意两边之和大于第三边
```

【赏析】

学生的学习是建立在学生已有生活经验和认知发展水平上的．本课的实质可以理解成在三角形的三个顶点中研究两点间的距离问题．曹培英老师曾经用了一

个非常贴切的例子来描述学生已观察到的生活经验："狗吃远处的一块骨头，狗一定是走直线的."由此可以看出，学生已观察到的生活经验是很丰富的，对知识的理解也是不难的. 该教学设计有以下几个方面的创新.

（1）对教材进行重构，从生活经验出发揭示三边关系，降低了学生的认知难度. 研究三角形三边的长度关系其实就是研究三个顶点中两点间的距离的关系，为此该教学设计通过把路线图数学符号化，借助路线图、不等式等方法，引导学生对生活问题进行数学的深度思考，帮助学生归纳概括出三角形三边关系. 以上整合更贴合学生的思考和生活经验，有效地降低了学生学习的难度.

（2）创新表征方式，帮助学生突破学习难点. 该教学设计主要进行了三个方面的表征创新. 一是对路线采用符号化表征，如"从小明家到邮局"这段路用序号①来表示，让学生体会符号表达的简洁性，渗透符号化思想，为后面的不等式表征做好铺垫；二是对地图进行了数学化的抽象表达，把地图抽象成线段图实现生活到数学的抽象，为后面研究三角形的三边做好准备；三是用不等式表示不能围成和能围成三角形的三边关系，通过用不等式的表征，让学生深刻理解三角形任意两边之和大于第三边的三边关系.

（3）创新练习设计，激发学生高阶思维. 练习设计既关注基础，又关注创新与提升，共设计了三个层次的练习. 第一层次的练习是判断三边能否围成三角形，第二、第三层次的练习则通过对第三边长度的探究，从可能是几厘米到最长是几厘米，再到最短是几厘米，不断推动学生进行深度思考，既巩固了基础知识与基本技能，又训练了学生的思维.

4.2　练　习　课

数学练习课是在学生已经理解并且初步掌握了知识的基础上进行的，是在教师的指导和帮助下，以学生独立练习为主要内容的一种课型. 它是新授课的补充和延续，是学生在学习新知识后，以练习的方式来加深对知识的理解和技能的掌握，形成数学能力与方法的一种课型. 练习课具有"巩固技能、反馈评价、形成策略、解决问题、拓展思维"的功能，帮助学生形成规范的书写格式，形成对问题解决方法的整体认识，提升综合运用知识解决实际问题的能力和培养灵活的思维品质（郭道香等，2018）. 同时，通过一定数量的练习，可以使学生形成熟练的技能、技巧. 通过练习还可以获得反馈信息，检验学生学习和教师教学的能力，评价教与学的水平（胡菊芳，2017）. 以练习课在对新授课的承接过程中所发挥的作用为归类标准，练习课可分为巩固型练习课、补充型练习课、拓展型练习课和综合型练习课（关秀玉，2012）.

数学练习课教学，关键在于精选素材，好的练习应具有目的性、典型性、针对性、层次性、多样性和趣味性，充分发挥数学习题的作用，要有效设计练习题组，达到基础练习典型多样，激发学生思考的效果. 教学组织要形式多样，将师生、生生之间的多元化活动形式融入其中，凸显双向、互动的特点. 教师要及时反馈，了解学生的解答过程，适时调控其解答过程，注重反思小结，善于挖掘学生思考问题过程的亮点，帮助学生优化方法，发展思维.

【案例 4-3】 "分率与具体数量"练习课教学设计[①]

一、教学内容解析

本节练习课是学习了人教版数学六年级上册第一单元分数乘法后自主设计的一节练习课. 从学生的练习作业和单元检测中，发现许多学生在面对具体情境中的问题时，对于一个分数是表示分率还是表示具体的数量模糊不清，较难分辨，这对学生来说是一个理解难点. 例如：一桶油 6 千克，第一次用去了 $\frac{1}{3}$，第二次用去了 $\frac{1}{3}$ 千克，两次共用了多少千克？在解决这个问题时，有学生会把 $\frac{1}{3}$ 当质量来理解，也有学生把 $\frac{1}{3}$ 千克当分率来理解. 为了让学生明晰两者的区别，在数学意义上理解两者之间的不同，特开发了本课练习. 本课练习分为四个层次：层次一是填空题，让学生在填一填中辨析两者的区别；层次二是分率和数量的具体应用，设计了"两根同样长的木棍，各用 $\frac{1}{5}$ 和 $\frac{1}{5}$ 米，哪根用去的长？"的练习题，让学生在解决问题中进一步体会两者的区别，并从中发现规律；层次三是拓展性练习，进一步巩固对两者的认识，提升学生解决问题的能力；层次四是综合性练习，检测学习情况，进一步提升学生对两者的理解，并能正确地区别，解决与之相关的实际问题.

二、学生学情诊断

本节练习课是在复习完分数乘法这一单元后设计的一节课. 在此之前，学生已经对分数有了系统的认识，分数表示分率，在三年级分数的初步认识中，学生已经开始体验，知道分数表示一个数占另一个数的几分之几，但更多的是感受部

---

① 本教学设计由江西省赣州师范高等专科学校附属小学刘才军提供.

分量占总量的几分之几. 在五年级学习分数的时候, 已扩展到一个量占另一量的几分之几. 对于分率的理解, 从理论上来讲学生比较深刻. 分数可以表示一个具体的数量, 第一次接触是在五年级学习分数与除法的关系时, 初步感受分数可以带上单位表示一个具体的数量. 理论上学生能够理解分数表示分率与具体数量的联系和区别, 但在解决问题时把两者放在一起的时候, 许多学生还是会混淆, 尤其是会把分数带上单位以后看成一个分率, 分析其原因主要有两个: 一是受思维定式影响, 把分数都看成一个分率; 二是学生对分数的理解不够, 无法区别两者.

三、教学目标设置

（1）进一步理解分率与具体数量的意义, 能在具体情境中区分分率与具体数量, 并能正确解决实际问题.

（2）通过练习, 提升思维品质, 提高解决问题的能力.

（3）养成良好的审题习惯, 体验学习的成功乐趣, 培养自信心.

四、教学重点难点

能在具体情境中区分分率与具体数量, 并能正确解决实际问题.

五、教学过程

（一）分率与具体数量的区别

1. 辨一辨

分数 $\frac{1}{2}$ 被填入下面两个括号里面, 表示的意思一样吗?

一根绳子长 2 米, 第一次用去全长的（　　　　）, 第二次用去（　　　　）米.

生: 表示的意思不一样. 第一个 $\frac{1}{2}$ 表示全长的 $\frac{1}{2}$, 第二个 $\frac{1}{2}$ 后面带了单位"米", 表示的是一个长度, 是半米, 也就是 0.5 米.

师: 也就是说, 第一个 $\frac{1}{2}$ 表示的是用去的长度占全长的 $\frac{1}{2}$, 它表示的是用去的长度与全长之间的关系. 在数学中我们常把表示两个量之间关系的分数叫做"分率".

师: 第二个分数后面带了一个长度单位, 那它表示的就是一个长度, 在数学中我们也称为具体的数量.

2. 比一比

师: 分率与具体的数量之间有什么区别?

生 1: 当分数表示具体数量的时候, 后面会有单位.

生 2：分率后面不带单位，它表示的是两个量之间的关系．

师：说得真好！老师把它们写下来：

$$分数 \begin{cases} 数量：分数后面带有单位 \\ 分率：一个量与另一个量的关系 \end{cases}$$

【设计意图】为了便于表达交流，本课引出"分率"和"具体数量"这两个名词．通过设计填入两个相同分数的练习，让学生从相同中寻找不同，从而帮助学生理解两者的意义和区别．

3．说一说

师：你能举一些表示分率与具体数量的例子吗？

生 1：男生是女生的 $\frac{3}{4}$，这个 $\frac{3}{4}$ 是一个分率，它表示的是男生与女生的关系；一袋苹果重 $\frac{3}{4}$ 千克，是一个具体的数量，表示 0.75 千克．

生 2：一本书看了 $\frac{3}{5}$，$\frac{3}{5}$ 是一个分率，表示看了的占整本书的 $\frac{3}{5}$．

生 3：妹妹的身高是 $\frac{9}{10}$ 米，它表示一个长度．

生 4：……

师：像这样的例子能说完吗？那你能解决有关分率与具体数量的问题吗？

【设计意图】通过让学生自己列举分率与具体数量的例子，既检测了学生的理解情况，又进一步促进了学生的理解．本环节充分激发学生的思考，激发学生自主学习的能动性．

（二）分率与具体数量的应用

1．比一比：比用去的长度

一样长的两根塑料管，第一根剪去 $\frac{1}{5}$，第二根剪去 $\frac{1}{5}$ 米，哪根用去的长一些？

1）说一说

这两个分数是分率还是具体的长度，它们表示什么意思呢？

生：$\frac{1}{5}$ 米是一个长度，表示具体数量，是 0.2 米；$\frac{1}{5}$ 是一个分率，表示剪去的长度占全长的 $\frac{1}{5}$．

2）猜一猜

哪根用去的长一些？

生1：两根一样长，因为都用去了 $\frac{1}{5}$.

生2：第一根用的长.

生3：第二根用的长.

生4：不能确定，因为塑料管的长度不知道是多少.

师：你的意思是说，塑料管的长度不一样，比较的结果会不一样，是吗？

生4：是的.

3）算一算

师：那我们假设塑料管的长度分别是 1 米、2 米、$\frac{3}{4}$ 米，请你动手算一算，比较出哪根用去的长，哪根用去的短吧！

生1：塑料管长 1 米时，第一根用去的长度就是 1 米的 $\frac{1}{5}$，列式是 $1 \times \frac{1}{5} = \frac{1}{5}$（米）；第二根用去的就是 $\frac{1}{5}$ 米. 两根一样长.

生2：塑料管长 2 米时，第一根用去的长度就是 2 米的 $\frac{1}{5}$，列式是 $2 \times \frac{1}{5} = \frac{2}{5}$（米）；第二根用去的就是 $\frac{1}{5}$ 米. 第一根用去的长.

生3：塑料管长 $\frac{3}{4}$ 米时，第一根用去的长度就是 $\frac{3}{4}$ 米的 $\frac{1}{5}$，列式是 $\frac{3}{4} \times \frac{1}{5} = \frac{3}{20}$（米）；第二根用去的就是 $\frac{1}{5}$ 米. 第二根用去的长（表 4.1）.

表 4.1 （单位：米）

塑料管长度	第一根用去的长度	第二根用去的长度
1	$1 \times \frac{1}{5} = \frac{1}{5}$	$\frac{1}{5}$
2	$2 \times \frac{1}{5} = \frac{2}{5}$	$\frac{1}{5}$
$\frac{3}{4}$	$\frac{3}{4} \times \frac{1}{5} = \frac{3}{20}$	$\frac{1}{5}$

4）看一看

师：塑料管在三种不同长度的情况下，观察两根用去的长度，你发现了什么？

生：第一根用去的长度会变，第二根用去的长度不变.

师：这"变"与"不变"中藏着什么数学道理呢？

生 1：因为塑料管的长度不一样，那第一根用的塑料管长度的 $\frac{1}{5}$ 也就不一样；第二根用去 $\frac{1}{5}$ 米是一个具体的长度，也就是 0.2 米，不会随塑料管的长度变化而变化.

生 2：第一根用去的 $\frac{1}{5}$ 是一个分率，它表示的是用去的与全长的关系，所以用去的长度会随全长的变化而变化；第二个 $\frac{1}{5}$ 米是一个具体长度，就是 $\frac{1}{5}$ 米，不会变化.

5）发现规律

师：比较两根塑料管用去的长度，你发现了什么变化规律吗？

生：当全长是 1 米时，两根用去的一样长；当全长小于 1 米时，第二根用去的长；当全长大于 1 米时，第一根用去的长.

师：真是火眼金睛呀！从这里发现了这样的变化规律. 现在老师把问题改成"哪根剩下的长一些？"，你会解决吗？

【设计意图】再次设计给出两个相同的分数的解决问题，通过求"哪一根用去的多"这一问题，让学生深刻体会到具体的数量表示的是一个确定的长度、具体的长度，而分率表示的长度是不确定的，会随着单位 1 的变化而变化，从而进一步理解两者的区别. 此环节通过解决问题还进一步培养了学生全面考虑问题的意识和推理意识.

2. 比一比：比剩下的长度

同样长的两根塑料管，第一根剪去 $\frac{1}{5}$，第二根剪去 $\frac{1}{5}$ 米，什么情况下第一根剩下的长些？什么情况下第二根剩下的长一些？什么情况下两根剩下的一样长？

全长小于 1 米时，第一根剩下的长些；全长大于 1 米时，第二根剩下的长些；全长等于 1 米时，两根剩下的一样长.

师：你是怎么这么快找到答案的？

生：我是推理的，原来用去的长，那剩下的就短了，反过来，用去的短，那剩下的就长了.

（三）综合性练习

1. 选择题

一根铁丝，用去 $\frac{3}{5}$ 后还剩下 $\frac{3}{5}$ 米，用去的和剩下的相比（　　）.

A．用去的长　　B．剩下的长　　C．无法比较

（1）想一想：用去的和剩下的相比，结果到底是怎样的呢？

（2）学生汇报：

生1：无法比较，因为单位1不确定，用去的长度就会不确定，所以无法比较．

师：你认为和上题的情况一样是吗？

生2：我认为这题的单位1应该是一个确定的数，要不然剩下的长度也会变．

师：相比的结果如何，谁有什么好方法来比较？

生3：看分率就能看出来，用去了 $\frac{3}{5}$，那就还剩下 $\frac{2}{5}$，这根铁丝的 $\frac{2}{5}$ 就是 $\frac{3}{5}$ 米，那这根铁丝的 $\frac{3}{5}$ 肯定比 $\frac{3}{5}$ 米要长，所以我认为选 A．

师：谁听懂了他的意思？谁再来说一说？

生：……

师：如果我们借助直观图（图4.13）来表示，那就一目了然了．请看黑板．用去 $\frac{3}{5}$，说明还剩下这根铁丝的 $\frac{2}{5}$，剩下的 $\frac{3}{5}$ 米就是这根铁丝的 $\frac{2}{5}$，那这根铁丝的 $\frac{3}{5}$ 肯定比 $\frac{3}{5}$ 米要长．

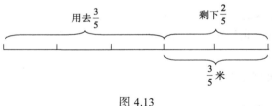

图 4.13

2. 填空题

一根木料长 3 米，截去 $\frac{1}{3}$ 后，再截去 $\frac{1}{3}$ 米，还剩下（　　　）米．

生：还剩下 $1\frac{2}{3}$ 米．

师：你是怎么想的？

生：第一次截去 $\frac{1}{3}$ 就是截去 3 米的 $\frac{1}{3}$，列式是 $3 \times \frac{1}{3} = 1$（米）；第二次截去 $\frac{1}{3}$ 米就是一个长度了，所以剩下的长度是 $1\frac{2}{3}$ 米．

3. 解决问题

一桶油 6 千克，第一次用去了 $\frac{1}{3}$，第二次用去了 $\frac{1}{3}$ 千克，两次共用了多少千克？

小明身高 1.2 米, 小丽的身高比小明高 $\frac{1}{4}$ 米, 小强的身高比小明高 $\frac{1}{4}$, 小丽和小强相比, 谁更高一些?

（1）理解题意.

师: 每道题目中都有两个相同的分数, 这两个相同的分数在题目中表示的意义一样吗?

生: 不一样, 其中不带单位的是分率, 带了单位的是一个具体的数量.

师: 你能说一说哪几个是分率, 它们表示什么意思吗?

生: 用去了 $\frac{1}{3}$ 是一个分率, 它表示用去的质量是这桶油的 $\frac{1}{3}$; 小强的身高比小明高 $\frac{1}{4}$ 是一个分率, 它表示高出来的身高是小明身高的 $\frac{1}{4}$.

（2）尝试解答.

师: 请独立尝试解决这两个问题.

（3）上台板演, 全班交流.

生1: 第一次用去: $6 \times \frac{1}{3} = 2$（千克）. 一共用去: $2 + \frac{1}{3} = 2\frac{1}{3}$（千克）.

答: 一共用去了 $2\frac{1}{3}$ 千克.

生2: 小丽身高: $1.2 + \frac{1}{4} = 1.45$（米）.

小强身高: $1.2 \times \left(1 + \frac{1}{4}\right) = 1.5$（米）.

$1.45 < 1.5$.

答: 小强身高更高一些.

【设计意图】通过练习进一步巩固对分率与具体数量的理解, 能根据理解正确地解决数学问题, 培养借助几何直观分析问题和解决问题的能力.

（四）全课总结

师: 说一说, 这节课你有什么收获?

生1: 我知道了分率与具体数量的区别, 今后在读题时要仔细认真, 带了单位的表示的就是一个具体的数量.

生2: 我知道了分数有两种作用, 既可以表示一个数占另一个数的几分之几, 也可以表示一个具体的数量.

生3: ……

师：希望同学们今后能够仔细读题，认真分析，准确辨析，做一个解决问题的能手．

【赏析】

在日常教学中经常会发现学生的一些问题，这些问题有一定的普遍性，同时这类问题比较突出，难以解决．在这种情况下，教师会根据学情自主开发练习课程，以提高学生的认识和解决问题的能力．

上述的问题有多样性，有认知方面的，也有习惯品格方面的，这些问题都可以设计开发成专项练习．例如，该课研究的分率与具体数量的区别问题是学生学完分数乘法应用题后常出现的问题，该课专门针对两者的联系与区别设计了一系列对比性练习，帮助学生在解决问题时准确区别判断，提高学生解决问题的能力；又如，学生读题经常不细致，也可以设计一系列培养学生读题的专项练习，帮助学生养成良好的读题习惯；再如，"圆的认识"单元中解决圆的问题，学生缺乏空间想象力和分析力，为此可以设计一节提升学生空间想象力的专项练习课，通过审题和画图的指导，帮助学生提高解决图形问题的能力．专项练习的内容和形式不限，以一课解决一个问题为主．专项练习课是课本练习的重要补充，对提高学生能力具有非常重要的作用．

专项练习课的设计具有两个特点：①专一性，专项练习课以专门解决某个问题而设计，所以整节课紧紧围绕某个问题来展开设计．②层次性，要解决某个问题，不可能一蹴而就，需要对问题进行难点分解，进行分层练习设计．该课第一层次就是让学生关注在解决问题中存在分率和数量两种情况，让学生认识到两者之间是有区别的；第二层次就是通过解决"哪根用的长"这一问题，让学生在解决问题中深刻体会两者的区别，最后经过观察发现，回顾反思，让学生体会到分率表示的是两个量之间的关系，分率不变，单位1的大小变化，另一个量的大小也会发生变化．第三层次是综合性、多样性的练习设计，进一步巩固对两者的理解和认识，提高了学生解决分数问题的能力．通过以上三个层次的设计，教师较好地帮助学生理解了两者的意义和区别，提高了学生解决问题的能力．

4.3 复 习 课

复习课是弥补教学中的漏洞、完善知识不可或缺的环节，对发展学生的各方面能力都有着重要的意义．但由于复习课是对知识的再学习，大多数学生感觉枯燥无味，因此形成了复习课难上且效果低下的负面印象．事实上，上好一堂复习课，可以达到建构知识体系、完善数学认知结构、优化数学思维品质、提高问题解决能力、提升数学核心素养的效果．例如，将碎片化知识结构化，串点成线、串线成网，形成知识网络，构建思维导图，可以提升数学抽象的素养．复习课可以分为单元复习课、阶段复习课、专题复习课和总复习课．那么，如何让学生在上复习课时不再感到枯燥无聊，感受到复习课的价值，又落实核心素养呢？

4.3.1　创设现实情境，聚焦真实问题

无论是新授课还是复习课，一个良好的开头都起着引领全课的作用，良好的开端是成功的一半．为落实应用意识的数学核心素养，激起学生学习的兴趣，教师不能将复习课当成"炒冷饭"（比喻重复已经说过的话或做过的事，没有新的内容），而是将复习课作为知识重新构建的一节课．创设真实的情境至关重要，采用贴近生活的情境引入，创设的情境聚焦于真实问题，以问题串的方式激发学生的思维，引导学生运用已有知识解决现实问题，充分发挥学生的自主性，在复习课中自然融入数学应用意识的核心素养．

4.3.2　借助思维导图，建构知识体系

复习课与其他课型是同等重要的，而且复习课相较于其他课型，有时候会更难教授，所以复习课需要多样化的教学，以达到建构知识体系的目的，可采用问题导向式教学、思维导图辅助教学、搭配信息技术等方法．复习课的重点在于将知识整理归纳，但也不是简单地罗列知识点，而是需要从各个角度寻求知识间的联系，再建构知识体系，将知识有意义地联结．同时，要做到以学生为主体，让学生自主归纳知识点．思维导图就是解决这一问题的有效方法．

复习课借助思维导图辅助教学，学生自主建构思维导图的过程就是在建构知识体系．思维导图的建构围绕整节课，学生在巩固与练习的过程中逐步完善思维导图．例如，在复习"圆"的有关知识时借助思维导图，教师先提出关键词——圆，然后引导学生围绕这个关键词主动思考，通过联想画出思维导图来构建知识，最后学生通过与同学讨论以及向教师寻求帮助来补充完善自己的思维导图（图 4.14）（钟苑娴，2019）．并且，学生自主建构的思维导图可以是多种多样的．随着课堂的进行，思维导图逐渐形成，知识间相联系形成的知识体系印刻在学生思维中．当需要运用到某一个知识解决问题时，学生可以调动思维中的知识网络，运用多个知识有效地解决问题，从而达到能迁移运用的效果．

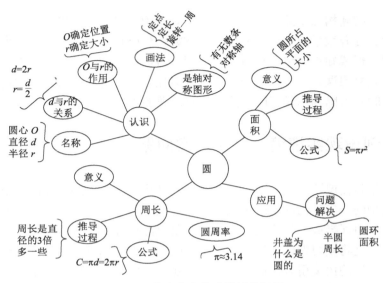

图 4.14 学生自主构建的思维导图

4.3.3 落实分层复习，实现精准引导

复习课同样也要因材施教．在复习课之前，教师要准确把握学情，包括学生原有的知识基础、思维方式、可接受程度等．复习内容的选择、要求只有立足于学生实际，贴近学生最近发展区，才能有效地增加学生"短板"的长度．因此，对于不同层次的学生，宜分层要求，努力使不同层次的学生有不同的收获．对于高层次的学生，教师可以给他们一些有延展性的问题，引导学生进行解决，让他们进一步探究所学知识前后的联系；对于中层次的学生，教师可以将其注意力放到常规题训练上，使学生基础打扎实，再循序渐进加深难度；对于低层次的学生，教师应该引导学生再次探索知识的重难点，进一步强化他们对知识点的掌握．

【案例 4-4】"平面图形的面积"复习课教学设计①

一、教学内容

人教版小学数学六年级下册 87 页平面图形的面积复习课．

① 本教学设计由江西省南昌师范附属实验小学曾洁提供．

二、教材分析

平面图形的面积是小学阶段平面图形的内容之一，在六年级下册的复习中处在一个比较重要的地位，借助本节课可使学生理解平面图形和各种面积公式的推导过程．通过复习巩固，帮助学生进一步掌握这部分的知识，为后面的立体图形的学习打好坚实的基础．

三、学情分析

学生通过前阶段的学习，基本掌握各种平面图形面积的计算方法，但是由于时间久了，学生对公式的推导过程有所淡忘，导致在应用公式解决实际问题中常常遇到问题，从而影响学生的进一步学习．教师所要做的就是引导学生借助各种素材，进一步建立这些知识间的联系，从而达到巩固复习的目的．

四、教学目标

（1）理解平面图形周长和面积的概念．
（2）回顾已学平面图形的面积计算公式．
（3）沟通知识结构上的内在联系，再次体会和掌握转化的数学思想．

五、教学重难点

（1）掌握平面图形面积计算公式的推导过程，会利用公式准确计算平面图形的面积．
（2）构建知识网络，并能灵活运用公式来解决实际问题．

六、教学准备

教师准备：多媒体设备、课件、平面图形卡片．
学生准备：一根 12 厘米长的绳子、格子练习纸、直尺工具等．

七、教学过程

（一）激发兴趣导入，揭示课题

师：今天的数学课就从老师看到的一个故事开始．（播放课件．）

从前，有个老人有六个孩子．有一天，老人把六个孩子叫到跟前说："我没有多少家产留给你们，只有院子里的一块儿地，分给你们吧．"接着，老人拿出六根绳子，说："每人拿一根绳子到院子里去圈地吧，圈出的地就属于你们．你们圈剩下来的就还留给我种吧．"六个孩子一听，赶忙拿着绳子往院子里跑．

师：如果你是他们当中的一个，你会设计怎样圈地？

生：长方形、正方形……

师：真是一群会想办法的设计师．想不想看看这六个孩子到底圈了一块怎样的地？仔细看，你有什么发现？

生：这些地的周长一样，面积不一样．

师：哪位同学愿意到黑板前来，选一个平面图形，说明一下什么是平面图形的周长，什么是平面图形的面积？

生：周长指物体表面或封闭图形一周的长度．面积指物体表面或封闭图形的大小．

师：那他们之中谁圈的地比较大呢？这就要求它们圈地的……

生：面积．

师：这节课我们重点复习平面图形的面积．（揭示课题：平面图形的面积．）

（二）回顾整理，梳理公式

师：现在就请你们用绳子在练习纸上圈一圈，圈完后请你算一算自己圈地的面积．（学生准备一根 12 厘米长的绳子、一张格子练习纸．）

师：谁愿意来汇报一下自己的成果？

生 1：我围的是三角形，用 $S = \dfrac{1}{2}ah$，计算得出面积是……

生 2：我围的是平行四边形，用 $S = ah$，计算得出面积是……

生 3：我围的是圆形，用 $S = \pi r^2$，计算得出面积是……

生 4：我围的是长方形，用 $S = ab$，计算得出面积是……

生 5：我围的是正方形，用 $S = a^2$，计算得出面积是……

生 6：我围的是梯形，用 $S = \dfrac{1}{2}(a + b)h$，计算得出面积是……

师：六个孩子，每人拿到的绳子都是同样长的，看来这位老人很公正，对谁都没有偏心．大家在面积方面有什么发现吗？

生：圆形的面积最大，正方形第二．

师：如果你是老人的孩子，你会围成什么图形呢？来，我数 3，2，1，让我们一起喊出你心中的答案．

生：圆形！

师：同学们，在一定条件下，我们每个人都会为自己追求最多的利益，这本身没有错．但如果我们回过头来重新读一读故事，也许你的选择会有所改变．如果六个孩子都圈成圆形，这时你会更改你的选择吗？

生：我可能会围成正方形．

师：你为什么要选择正方形？

生：为了方便老人．

师：你是一个既善待自己，又体谅他人的人．

师：同学们，学数学就是要让我们从不同角度去思考问题．如果知道圆的面积最大，那么你很聪明．如果你明知圆最大，但却选择正方形，那么你就在聪明的基础上还具备了善良．聪明+善良=智慧．

（三）探究联系，构建网络

师：请大家运用自己智慧的大脑想一想：这么多的面积公式，有什么好办法记下来？又或者能不能少记几个？同桌互相讨论下．

生 1：正方形公式可以不记，因为正方形是特殊的长方形，可以用长方形的公式来计算．

生 2：平行四边形的面积公式可以不记，因为平行四边形可以转化为长方形．（把平行四边形沿高剪开，剪下的图形平移到另一边，就拼成了一个长方形．长方形的长=平行四边形的底，长方形的宽=平行四边形的高，长方形的面积=长×宽，平行四边形的面积=底×高．）

生 3：我觉得三角形公式也可以不记（两个完全相同的三角形可以拼成平行四边形，只要记住平行四边形的公式就可以了）．

生 4：老师，梯形的公式也可以不记了（两个完全相同的梯形可以拼成平行四边形，只要记住平行四边形的公式就行了）．

生 5：圆形也可以不记（可以把圆平均分成若干份，分别把两个半圆展开，拼在一起，就拼成一个近似长方形，长方形的长就是圆半个周长，宽就是圆的半径，用长方形面积公式=长×宽，圆形的面积公式就是 $S = \pi r \times r = \pi r^2$）．

师：谢谢你们带大家一起回顾了平面图形的面积推导过程．现在，大家觉得这些公式中哪个图形的公式最重要？为什么？

生 1：长方形，因为利用长方形的面积公式可以推导出其他图形的面积．

生 2：长方形公式是最基础的．

师：看来只要记住长方形的面积计算公式，我们就可以推导出其他图形的面积计算公式．

师：如图 4.15 所示，这就形成了一张平面图形面积的网络图，这些图形之间的关系就一目了然了．从左往右看，你能发现什么？从右往左看呢？你能总结出一种解决新问题的方法吗？

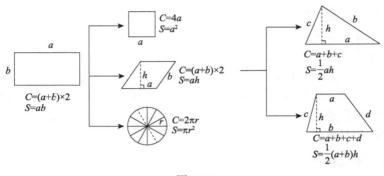

图 4.15

师：如图 4.16 所示，你觉得可以用梯形面积计算出其他图形的面积吗？请你选一个图形算一算！

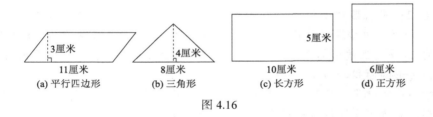

图 4.16

小结：原来用梯形面积公式还可以求解平行四边形、三角形、长方形和正方形的面积，数学真奇妙！

（四）巩固应用，培养能力

（1）王大爷在自家墙外围了一个梯形养鸡场（图 4.17），围养鸡场的篱笆总长是 22 米，其中与墙相对的一条边长是 8 米，求养鸡场的面积.

图 4.17

（2）如图 4.18 所示，大正方形的边长为 5 厘米，小正方形的边长为 3 厘米，求阴影部分的面积.

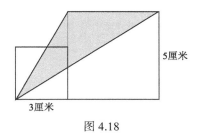

5厘米

3厘米

图 4.18

（五）课堂总结，拓展延伸

师： 请同学们回顾一下，今天我们是怎么进行复习的？

【赏析】

复习课是帮助学生梳理和重新组织知识，使之系统化、结构化，完善认知结构的过程．平面图形的面积总复习一课，注重学生的自主学习，多元表征知识结构，通过"整理公式—找出联系—构建知识网络图"的教学环节，让学生自主参与知识的整理，在合作交流学习中，理清了各种平面图形面积公式的内部联系，形成了多元化的知识结构网，充分发挥了学生的积极能动性．学生在自主梳理的过程中，回忆公式的推导过程，进一步感悟"转化"思想，在理解知识的同时，不断积累有效的复习经验和学习方法，随后再通过分层练习，真正达成知识系统化的复习效果．

第5章

小学数学教学片段赏析

5.1　数学抽象素养教学片段

符号意识

符号意识是一种主动使用符号表征数学对象的心理倾向，符号意识的建立有助于学生更好地进行数学表达和数学思考．教师可以在概念、命题、公式教学中结合现实情境或者在数学问题解决过程中发展学生的符号意识．下面将以"用数对表示位置""位置""分数乘分数"为例来阐述在教学中如何培养学生的符号意识．

【案例 5-1】 "用数对表示位置"教学片段[①]

片段一：问题导入，引发猜想

师：谁能来介绍本班小华同学的位置？

生 1：第四列第三行．

生 2：第三行第四列．

师：这两种方法都用文字来表达．如果老师要你们像这样写出全班同学的位置，你们得要多久？

生（迟疑）：十几分钟吧．

师：是啊，要这样一一写出来，还是有些麻烦．想不想有更简单的方法呢？

生：当然想啊！

师：有梦想，就会有创造．你们想试试吗？下面我们就动手来创造更简洁的

---

① 本教学设计由江西省瑞金市沙洲坝镇八一希望学校刘素华提供．

方法吧！温馨提示，你可以请图形、数字或符号来帮忙哦！赶紧开始吧！

师：我们一起来分享大家的成果和智慧．（请一些学生把自己的设计写在黑板上并介绍．）

生 1：用三角形表示列，用长方形表示行．△4□3 表示第四列第三行．

师：你有自己的想法！

生 2：用横线—表示行，用竖线 | 表示列，3—4 | 表示第三行第四列．

师：你也有自己独特的思考！

生 3：4 列 3 行．

生 4：[3]（4）

……

师：你们真了不起，创造了这么多不同的方法！观察这些方法，你们发现有什么相同的地方了吗？

生：都有一个列、一个行．

师：你们很善于分析．大家的想法虽然都不太一样，但都有共同的地方，那就是表示位置时都用到两个数，一个是列，一个是行．

通过图 5.1，就更容易看出你们的发现了．为了观察方便，我们把每个同学都简化为一个点．以小明同学为例，他既在第五列上，也在第二行上，也就是在第五列和第二行的交点上．你知道小华同学在哪一列和哪一行的交点上吗？

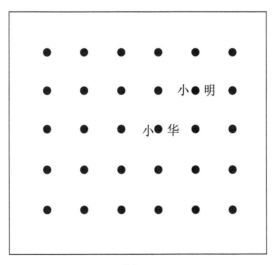

图 5.1

生：他在第四列和第三行的交点上．

师：对，他既在第四列上，也在第三行上，也就是在第四列和第三行的交点上．就像你们观察到的一样，每一个列和行的交叉点上，就是我们一个同学的位置．

【设计意图】通过动手创造表示方法，学生提升了创造意识，体会表示位置必须要有列和行两个数据．再通过几何直观，学生更清楚地感受为什么是这样，而这又为引出数对做好铺垫．

片段二：思考交流，深化理解

师：再回到我们创造的方法上来．这么多想法，选择哪一种好呢？你们来评价一下吧！

（学生自由表达喜欢的表示方法，同时也有学生质疑．）

生1：我喜欢第二个同学的方法，因为比较直观清楚．

生2：我喜欢第三个同学的方法，比较简洁．

生3："4列3行"的说法可能会有误会，人家不知道的可能还会以为是四个列和三个行呢．

生4：我觉得也是，应该写清楚是第几列第几行．

……

师：同学们有各自的理由和喜好，也有自己的思考．想知道数学家们创造了什么方法吗？[出示数对：（4，3）．]这和谁想的一样呢？真了不起，你们居然和数学家想到一起了，你们都是小小数学家．

师：看看数学家的设计，你们知道它各表示什么吗？按什么顺序写的？

生：4表示第四列，3表示第三行．先写列再写行．

师：数学家和你们说的果然一样．瞧，找小华同学的位置时，先找到第四列，再找第三行．（课件同步演示．）

师：数学家的方法和你们的相比，怎么样？

生：更简便，让人一眼看得出来．

师：确实，这种方法比较简明方便．同时，先写列再写行的方法符合人们的认识观察规律，便于人们应用．

师：像这样表示位置的方法你们以前见过吗？

生：没有．

师：哦，是初次见面，刘老师来做个介绍吧！它有一个简洁的名字，叫做数对．用两个也就是一对数来表示位置．我们今天研究的就是"用数对表示位置"（板书课题）．（学生跟着老师读黑板上的数对，说出数对表示的意义．）

【设计意图】因为学生们经过思考有了设计经验后，已经清楚地了解到表示位置必须要有两个数, 所以接下来, 让学生对其设计出来的方法进行比较, 自然能感受到不同的符号在表示同一含义时, 有的符号比较复杂, 有的符号却更为简单. 为了书写便利, 人们会选择比较简明好记的符号, 而且还会统一格式, 以便更好地交流和应用.

【赏析】

"用数对表示位置"是人教版小学数学五年级上册第二单元起始课内容的第一课时, 旨在使学生的创新意识和符号意识得到增强. 为了解决如何表达方便的问题, 让学生经历"设计—比较—优化—统一"的符号设计确定过程, 体会数对的产生和简明方便的特点. 为了便于学生理解表示位置时一个符号到底要表示哪些含义才能满足人们交流表达的需要, 还需要充分运用格子图让学生理解一个物体的位置就在列和行的交点上. 而后续不断地观察、交流、分析和表达, 更是让学生对数对的写法、含义的理解更为深入全面.

著名数学教育家弗赖登塔尔 (1973) 的数学教育思想包括"数学现实"、"数学化"和"再创造"原则. 纵观整个教学片段, 其充分体现了这三点教学理念.

(1) 数学现实.

数学现实即现实的数学教育, 要求数学教育应当"源于现实、寓于现实、用于现实". 在此教学片段中, 首先让学生在课堂中从现实的问题入手——"谁能来介绍本班小华同学的位置? 怎么介绍小华同学的位置?", 不仅极大地增强了学生的代入感, 引发了学生的探究兴趣, 同时每位同学又可以从生活经验中找寻解决问题的灵感, 能根据自己的想法设计出不同的方案, 在整个过程中体验到创新的乐趣, 感受到数学与现实生活的联系, 构建自己的数学观.

(2) 数学化.

简单地说, 数学地组织现实世界的过程就是数学化. "用数对表示位置"这一内容很好地体现了"数学化"的过程, 让学生发现实际问题中的数学元素 (位置), 并把这些成分转化成符号 (数对) 来表示. 通过学习, 一个符号和对应的含义及物体的位置三者在学生脑海中合而为一, 学生也由此更充分地感受到符号的简明、方便. 学生在生活中遇到类似问题时, 自然会想到符号, 想到符号自然会想到隐含在其背后的含义, 符号意识就会得到培养, "数学化"意识就会得到加深.

(3) 再创造.

所谓再创造, 其核心是数学过程再现, 即在教师的引导下, 通过学生自己的思考和实践, 自己"创造"出数学的结论 (法则、定律等). 在该课例中, 学生也经历了这样"再创造"的过程. 知识的形成不是由教师简单地传授, 而是由学生自己探索发现的. 学生始终处于积极、创造的状态, 从而提升创新意识, 加深对知识的理解.

【案例 5-2】"位置"教学片段①

师：老师说数对，相应位置的同学起立，（5,3）.（某学生很快起立.）

师：我们班还有位置是（5,3）的同学吗？

生（环视教室）：没有了.

【设计意图】在活动中，特别是在直面老师的质疑"我们班还有位置是（5,3）的同学吗？"时，让学生充分感受到数对这种简洁符号表示位置的准确性. 当数对中两个数都确定了，表示的位置就确定了，一个数对对应一个位置.

师：（6, x）（第 6 列同学陆续起立，过程中有的同学快，有的同学慢）.

师（面向最慢的生 1 问）：你为什么站起来了？

生 1：因为我是第 6 列的.

师：那你为什么迟疑了一下才站起来？

生 1：第 x 行，我不知道具体指哪一行，所以一开始不确定要不要站起来.

师：你们认为这个 x 可以表示哪一行？

生 3：第 1 行.

生 4：第 2 行.

……

生 5：每一行都可以.

师（面向最快的生 2 问）：你怎么那么快就站起来了？

生 2：因为数对第 1 个数是 6，所以我确定就是第 6 列，第 2 个数是 x，所以不确定是哪一行，那就是说第 6 列的每一行都包括在内.

师：说得真好！继续，（x, 6）.（很快，第 6 行的同学都站起来了.）

师（面向非第 6 行的生 6）：他们都起立了，你怎么不起立？

生 6：因为我不是第 6 行的.

师：有没有哪个该起立却没起立的同学？（大家环视四周说"没有".）

生 7：这个数对包括第 6 行的每一个人.

【设计意图】当数对中只有一个数是确定的，另一个数用字母符号表示[如（6, x）]时，学生对其含义的理解是模糊的，通过活动和交流，这个符号所表示的含义才逐步清晰. 在体验过程中，学生逐步理解"只知道数对中的一个数不能确定一个位置，但能确定一个范围"，从而逐步感悟符号表示含义的概括性.

师：（x, x）.（很快大部分同学都站起来了.）

---

① 本教学设计由江西省赣州市大余县东门小学曾庆林提供.

师（问起立的生 1）：你为什么起立？

生 1：列也不确定，行也不确定，所以任意一列、任意一行都包括了．

师：（面向起立的同学）：你们都同意吧？（大家点点头，老师转而面向没起立的生 2）那你为什么不起立？

生 2：我觉得应该不是表示所有同学，虽然列和行都不确定，可是它们相同．比如：列表示 5，行也应该表示 5．

师：你怎么知道列和行相同？

生 2：因为都是用 x 表示，第 1 个表示 5，第 2 个也应该表示 5．

师：有思考，有想法！（面向起立的同学）你们觉得呢？

生：有道理．

师：再给一次机会，认为自己不应该起立的同学可以坐下．

［一部分同学坐下了，只剩下 $(1,1)$、$(2,2)$、$(3,3)$、$(4,4)$、$(5,5)$、$(6,6)$、$(7,7)$ 位置的同学站着．］

师：这回没错了吧？

生：没错了．

师：如果要让全班同学都起立，我该说哪个数对？

生：(x,y)．

……

【设计意图】当数对中两个数都不确定了［如 (x,y)］，抽象的程度又提高了一个层次，学生普遍会产生"列也不确定，行也不确定，所以任意一列、任意一行都包括了"的想法．通过活动与交流，特别是教师提出"你怎么知道列和行相同？"的疑问，很自然地将这一难点突破了，让学生在活动过程中深刻体会到符号所表示含义的概括性与灵活性．

【赏析】

该教学片段是培养学生符号意识很好的案例．用数对表示位置可以让学生充分体会到"数对"这种符号表示位置的准确性与简洁性．另外，在数对中加入字母符号，让学生在活动中亲身体验简洁符号所表示内容的丰富性与概括性．由于"数对"本身是很抽象的，为了解决这一难点，需要化抽象为具体．教师在教学中突出了以下几点．

（1）设问引思，在质疑中促进深度思考．

该课例中，教师不断反问学生，例如"有没有哪个该起立却没起立的同学？""你为什么站起来了？"等．学生面对这样强烈的质疑则会不断引发他们的认知冲突，从而让学生不断陷入思考"我做得对不对？""为什么要这样做？"，直到理清问题的思路，得到问题的答案.

（2）充分体验，在实践中感悟知识内涵.

学生在教师的问题引导下经历动脑、动身、动口的全程新鲜体验，充分领悟了数对的内涵，深刻体验了列、行两个元素对于确定位置的重要性. 如此一来，学生不仅深刻理解了一个数对既可以表示一个准确的位置，又可以表示一行、一列、行列数相同的位置等范围，而且还能运用含有字母符号的数对 (x, y) 表示全班所有同学的位置，使得学生的符号意识在学习过程中不断得到增强.

（3）重视沟通，在互动中构建灵动课堂.

整个片段的教学都是以师生间和生生间的相互交流为基础的，从情感的沟通到思维的碰撞，都充分激发了学生的学习兴趣，也使其迸发出知识与技能的火花. 在交流中，教师必须精确地理解学生的反应和表达，根据学生的回应及时作出引导，最大限度地促进师生间的合作，帮助学生进一步思考和理解，从而打造一节生机盎然的数学课.

【案例 5-3】"分数乘分数"教学片段[①]

$$\frac{1}{4} \times \frac{2}{3} = \frac{1 \times 2}{4 \times 3} = \frac{1}{6} \qquad \frac{3}{5} \times \frac{5}{6} = \frac{3 \times 5}{5 \times 6} = \frac{1}{2} \qquad \frac{7}{8} \times \frac{1}{4} = \frac{7 \times 1}{8 \times 4} = \frac{7}{32}$$

师： 请同学们仔细观察上面几道分数乘法的计算方法，你发现了什么？

生1： 我发现了分数乘分数，分子相乘的积作分子，分母相乘的积作分母.

生2： 能约分的可以先约分，再计算.

生3： 分子乘分子、分母乘分母.

师： 你们说得太精彩了！老师要在黑板上记下来（板书：两个分数相乘，分子乘分子、分母乘分母）.

师： 还有什么办法能更简洁清楚地表示计算方法？请同学们想一想.

生1： 可以用字母来表示计算方法，两个分数分别用 $\frac{a}{b}$ 和 $\frac{c}{d}$ 来表示，

$$\frac{a}{b} \times \frac{c}{d} = \frac{a \times c}{b \times d} = \frac{ac}{bd}.$$

师： 这个方法好！

【赏析】

在学生归纳出分数乘法的计算方法后，教师没有止步，而是适时提出让学生

① 本教学设计由江西省赣州师范高等专科学校附属小学刘才军提供.

用更简洁的方法来表示计算法则. 学生自觉运用字母、图形等符号表示计算法则，体验用符号表示计算法则简洁明了的特点，很好地渗透了符号化思想，增强了学生的符号意识. 符号意识的培养贯穿在整个小学阶段. 该课也是渗透符号意识的一个很好的载体，教师在深刻理解教材的基础上创造性地使用了教材，挖掘了增强学生符号意识的资源.

5.2　逻辑推理素养教学片段

推理意识

推理意识主要是指对逻辑推理过程及其意义的初步感悟. 在教学中，教师可以设计合理多样化的活动，如观察比较、动手操作等，引导学生积极参与"猜想—证明"的问题探索过程，从而发展学生合情推理与演绎推理的能力. 下面将以"数学广角—推理"为例来阐述在教学中如何培养学生的推理意识.

【案例 5-4】"数学广角——推理"教学片段[①]

一、课件播放《熊熊乐园》

一天熊大、熊二和光头强三人一起来到了森林学校. 学校有《语文》《数学》《品德与社会》三本书，熊大、熊二和光头强各拿一本.

师：通过这两条信息，你读懂了什么？

生：有 3 本书、3 个人[②].

师：猜猜看，他们各拿的什么书？

生 1：熊大拿语文书，熊二拿数学书，光头强拿品德与社会书.

生 2：熊大拿数学书，熊二拿语文书，光头强拿品德与社会书.

生 3：熊大拿品德与社会书，熊二拿数学书，光头强拿语文书.

师：还有不同的猜测吗？看来有很多种结果，你们能确定他们各拿的是什么书吗？老师帮帮你们，看来要推理出正确的结果得有凭有据.（课件：熊大说："我拿的是语文书."熊二说："我拿的不是数学书."）到底他们三人各拿的什么书呢？

温馨提示（课件呈现）：

（1）先独立思考，再把解决这个问题的过程用你自己喜欢的方式记录下来.

---

① 本教学设计由江西省南昌市安义县逸夫小学廖倚春提供.

② 熊大、熊二根据拟人手法，此处视为人处理.

（2）把自己的想法和同桌交流一下，说一说你是怎样推理出来的.

师： 明白了吗？开始吧，看看谁的记录最有利于我们交流.

二、合作交流，汇报记录方法

预设：连线法、叙述法、表格法（引导学生在汇报中渗透排除法）.

教师引导孩子用"先确定，再排除"的方法，化繁为简，将问题由"三选一"转化为"二选一".这样逐一排除的过程，就是推理.

【设计意图】 利用孩子们都熟悉、喜欢的动画片中的人物形象，让孩子们猜一猜熊大、熊二和光头强各拿的什么书，让学生经历根据已知条件逐步推出结论的推理过程，初步获得一些简单的推理经验；再通过说一说，引导学生在潜移默化中运用并掌握"排除法"，领悟"推理"这种数学思想.

【赏析】

"数学广角——推理"是人教版小学数学二年级下册第九单元的内容，该教学片段是培养学生数学核心素养中推理意识的案例.此年龄阶段的学生已经具备了初步探究能力，能根据已知逻辑关系进行简单的判断，得到未知的数学结论，但学生没有形成清晰的推理思路，不能有顺序地、有条理地将其表达出来，因此教师需要帮助学生形成全面地、有序地思考和分析问题的意识，提升学生的推理意识，培养其科学严谨的数学学习态度.指向推理意识培养的教学需要有意识地设计与实施，需要注意以下两个方面.

（1）创设情境，渗透推理思想.

根据学生爱玩、具体形象思维占主体的特点，教师应有意识地创设学生感兴趣的实际情境，选取一些典型的推理素材，渗透推理思想.为了充分拓展学生的思维，情境中的素材要具有一定的开放性，这样才能引发学生的认知冲突，激发学生进行猜想.用动画片中的人物形象设计游戏，营造推理氛围，可以激发学生学习的热情与主动性.在"猜一猜"的系列活动中，学生主动展开发散性思维，通过观察、分析了解简单的推理知识，初步获得一些简单推理的经验.

（2）立足探究，发展推理意识.

学生不是知识的被动接受者，推理意识必须要在其亲身实践、经历过程中才能得到发展，教师要给学生提供推理的探究环节，引导学生进行发现、交流、归纳，重点突出整个思考过程与逻辑推理过程，获得推理过程的经验.学生不仅要用推理思维去观察、分析、解读现实问题和数学现象，还要用严谨的数学语言来规范表达逻辑推理的思维展开过程，做到有始有终、有根有据、有条有理，彰显数学推理的严谨性，最终发展推理意识.该课例中教师始终做到突显学生的主体地位，学生之前已经学过了叙述法和表格法，因此可以在独立思考、自主探究中将推理的过程整理记录下来，在教师的介入问话、小组的交流汇报中审视解决问题的思路，并对推理步骤进行纠偏，学习用连线法、叙述法、表格法清晰地表征出来，让逻辑语言得以训练，发展推理意识.

5.3　数学建模素养数学片段

5.3.1　模型意识

模型意识主要是指对数学模型普适性的初步感悟，有助于开展跨学科主题学习，增强对数学的应用意识. 在教学中，教师一方面要注意渗透模型意识，另一方面可以通过让学生经历完整的建模过程，帮助学生学会如何建立模型. 下面将以"鸡兔同笼"、"鸡兔同笼"巩固练习、"算用结合　建模精彩"——"混合运算"为例来阐述在教学中如何培养学生的模型意识.

【案例 5-5】"鸡兔同笼"教学片段[①]

片段一：深入理解，感悟模型

1. 猜测验证，列表讨论

出示例 1：草地上有若干只鸡和兔，从上面数，有 8 个头，从下面数，有 26 只脚. 鸡和兔各有几只？

师： 8 个头是什么意思呢？

师： 猜猜，鸡和兔可能各有几只呢？

生：（鸡 2 只，兔 6 只；鸡 3 只，兔 5 只；……）

师： 有点乱，我们一起整理一下.（出示图 5.2.）

例1：草地上有若干只鸡和兔，从上面数，有 8 个头，
从下面数，有 26 只脚. 鸡和兔各有几只？

鸡	7	6	5	4	3	2	1
兔	1	2	3	4	5	6	7

图 5.2

---

① 本教学设计由江西省新干县沂江乡中心小学周凤梅提供.

师：光凭 8 个头能确定鸡和兔有几只吗？那怎么才能知道呢？

生：要算一下它们的总脚数．

师：第一种情况一共有几只脚？怎么算的？第二种情况呢？请同学们一一汇报．

师：通过刚才的一一列举（图 5.3），我们找到了有 3 只鸡、5 只兔．这种方法就是列表法．（板书）

例1：草地上有若干只鸡和兔，从上面数，有 8 个头，
从下面数，有26只脚．鸡和兔各有几只？

鸡	7	6	5	4	3	2	1
兔	1	2	3	4	5	6	7
脚	18	20	22	24	26	28	30

图 5.3

师：仔细观察表中数据，认真分析，你有什么发现，把你的发现与同桌交流一下．

生 1：每增加一只兔，减少一只鸡，脚的只数就增加 2 只．

生 2：每减少一只兔，增加一只鸡，脚的只数就减少 2 只．

师：大家真善于发现．这个 2 是怎么来的？

生：一只兔比一只鸡多 2 只脚．

2. 大胆想象，尝试假设

师：如果此时草地上的兔子都变成了鸡，我们可以想成草地上 8 只都是_____．（生齐：鸡．）［出示（8，0）．］地上一共有几只脚呢？（生齐：16 只．）而实际上一共有多少只脚？（生齐：26 只．）你发现脚有什么变化？（生齐：少了．）少了多少只？（生齐：10 只．）如图 5.4 所示，为什么会少 10 只脚？同桌之间讨论一下．请同学汇报．

例1：草地上有若干只鸡和兔，从上面数，有 8 个头，
从下面数，有26只脚．鸡和兔各有几只？

鸡	8	7	6	5	4	3	2	1
兔	0	1	2	3	4	5	6	7
脚	16	18	20	22	24	26	28	30

少了10只脚

图 5.4

生 1： 因为兔子都变成了鸡，所以少了脚，少的是兔子的脚．

生 2： 因为兔子都变成了鸡，每只兔子变成鸡少了 2 只脚．

师： 一共少了 10 只脚，说明有几只兔子变成了鸡？怎么算来的？

生： 5 只．

师： 能把刚才的思维过程用算式表示出来吗？试试吧！

请一生上台列式并说清每步表示的意思．

假设都是鸡：8×2＝16（只）   26－16＝10（只）

4－2＝2（只）   10÷2＝5（只）……兔   8－5＝3（只）……鸡

重点讲清 4－2 的意思：一只兔比一只鸡多 2 只脚．

师： 他的结果是否正确？怎么检验？

师： 刚才我们假设全是鸡，我们还可以假设全是（兔），一共有多少只脚？如图 5.5 所示，列式解答吧！

例 1：草地上有若干只鸡和兔，从上面数，有 8 个头，从下面数，有 26 只脚．鸡和兔各有几只？

鸡	8	7	6	5	4	3	2	1	0
兔	0	1	2	3	4	5	6	7	8
脚	16	18	20	22	24	26	28	30	32

图 5.5

请一位同学展示说清思路．引导学生得出：假设全是鸡，先求出的是兔；假设全是兔，先求出的是鸡．

师： 刚才的方法就是假设法．（板书）

3．出示古题，形成策略

师： 回头看看，不管我们用列表法、画图法，还是假设法，关键一点是相通的，那都是用了什么思想？

生： 假设的思想．

师： 其实早在 1500 年前，我国古代数学名著《孙子算经》中就有记载（图 5.6）．这就是著名的鸡兔同笼问题．（板书课题．）

我们一起读一读，它的意思是（出示题意）．你会选择什么方法解答呢？为什么？

图 5.6

师生共同小结：遇到数据较大时，列表法很不方便，而假设法就很实用．

片段二：拓展应用，构建模型

1. 基础练习：龟鹤同游问题（图 5.7）

图 5.7

学生独立完成，一生汇报．

师：看来鸡兔同笼问题不单单是讲鸡和兔的问题，还是龟和鹤的问题．还可能会是什么问题？……生活中这类问题可多了．

2. 变式练习：游戏——异币同罐

如图 5.8 所示，罐子里装着 5 角和 1 角的硬币．请一名学生从中任意摸出几个硬币，告知硬币的个数与总钱数．让学生算出 5 角硬币有几个．看谁算得又快又准．

5角的硬币有几个？

图 5.8

学生上台板演并说清思路，重点理解 5−1 表示的意思．

3．提高练习：知识抢答赛

答对一题加 10 分，答错一题扣 6 分．1 号选手共抢答 10 题，最后得分 36 分，他答错了几题？

重点讲清为什么除数是 10＋6．同时，配合示意图 5.9，帮助学生理解，突破难点．

百科知识抢答赛

答对一题加10分，答错一题倒扣6分．

1号选手共抢答10题，最后得分36分，他答错了几题？

假设都答对．

A、（10×10 − 36）÷（10−6）

B、（10×10 − 36）÷（10+6）

加10分	对
倒扣6分	错

图 5.9

【赏析】

模型意识需要教师在教学中逐步渗透并引导学生不断感悟，使学生经历从一个具体的数学问题出发，到研究解法，形成模型，最后进行广泛运用的活动过程．

鸡兔同笼问题出自《孙子算经》，该题虽不具有实际意义，却可以成为一类问题的数学模型．教学中需要引导学生深度探究问题的实质，建立模型，并在实际问题解决中运用，让学生进一步领悟数学模型意识，掌握解法，同时领悟数学思想方法，培养其数学核心素养．

由于鸡兔同笼原题的数据较大，案例中化繁为简，化成数据较小的问题，便于学生进行探究．此外，鸡兔同笼问题的多种解法背后蕴含的思想方法，对培养学生数学核心素养有着积极的意义．

第一环节让学生经历猜想、验证、假设、推理的思维过程．从最开始的随意猜想到表格中的有序列表，从最开始的一般验证到表格中数据变化规律的发现，并配合示意图自然地链接到假设法，进一步概括、抽象鸡兔同笼问题的一般策略．学生的思维经历了从无序到有序、从直观到抽象的巨大变化，学生的思维能力随之得到极大提升．

第二环节通过"龟鹤同游""异币同罐""知识抢答"的梯度变式练习，学生的思维就更开阔了，鸡兔同笼问题不仅可以是四只脚和两只脚的动物，还可以是 1 角和 5 角的硬币，也可以是知识抢答的计分问题……这些使学生体会到虽然问题的情境在变化，但问题的本质——数量之间的关系是不变的．由"鸡兔"到"龟鹤"的这一演变过程只是换了个"包装"，是对问题原型表象的概括；而由"四脚兔"变为"五角币"，则是对问题本质的类推与抽象；最后到"知识抢答"，由"同向之差"变成"反向之差"，则是知识的提升．引导学生进行联系、对比、分析，学生的思维在不断地内省、自悟中得到拓展，自主构建鸡兔同笼问题的模型便水到渠成了．

一个个问题的提出和解决，使学生逐步深化对数学模型的理解与建构，也让学生养成了从不同的问题情境中找出相同结构关系的数量模型的思维习惯，使学生在以后遇到的不熟悉的情境中也能进行模型化的处理，这样的拓展是对模型进一步深刻理解的过程，也是进一步数学化的过程．经历数学化的过程，使学生数学建模的核心素养得到培养，并促进了学生的发展．

【案例 5-6】 "鸡兔同笼"巩固练习的教学片段[①]

师：（课件出示题目）鸡兔同笼问题这么经典，一不小心就传到了日本，变成龟鹤同游问题．同学们请看，有龟和鹤共 40 只，龟的腿和鹤的腿共 112 条，问龟和鹤各多少只？

师：这个问题和什么问题很像？

生：和我们刚刚学的鸡兔同笼问题很像．

师：如果把这个题目也看成是鸡兔同笼问题，那么龟相当于什么？

生：龟相当于兔．

师：鹤相当于什么？

生：鹤相当于鸡．

师：为什么？

生：这个问题和鸡兔同笼问题的结构一样．

师：你的数学学习力真强！对数学建模思想有了一定的了解．

师：会做吧？试试看．

学生试做，请一个同学到黑板上做．

师：和他一样假设全是龟的同学请举手．还有不同的做法吗？

生：我假设的全是鹤．

师：大家答案都相同吗？全班都做对了，真不错．

---

① 本教学设计由江西省赣州市上犹县第一小学阳金香提供．

师：（课件出示题目）生活中有类似鸡兔同笼的问题吗？请看：全班一共有38人，共租了8条船，每条大船乘6人，每条小船乘4人，每条船都坐满了，问大船和小船各多少条？

师：这道题的结构和哪道题一样？

生：鸡兔同笼！

师：你打算怎么做？

生：把大船想象成兔，小船想象成鸡，和鸡兔同笼的解法一样．

学生试做．

师：通过刚才的解题，你有什么发现吗？

生：我发现刚刚做的两道题，无论是龟鹤问题还是租船问题，其实解决的方法和鸡兔同笼的方法是一样的．

师：真棒！知道举一反三、触类旁通了．是的，龟鹤问题、租船问题等等，都可以用鸡兔同笼的方法来解决．鸡兔同笼其实是这类问题的一个模型．

【设计意图】这两道题属于鸡兔同笼问题在实际生活中的运用试题．龟相当于兔，鹤相当于鸡．112条腿相当于鸡和兔共有112只脚．38人相当于鸡和兔共有38只脚，8条船相当于鸡和兔共有8个头，一条大船坐6人和一条小船坐4人分别相当于一只鸡和一只兔的脚数．学生理解了题意，运用鸡兔同笼问题的解题思路，能解决诸如此类生活中的实际问题．通过学生自己的独立解决和分析整理，旨在加深对鸡兔同笼问题的进一步理解，让学生对鸡兔同笼问题的结构进一步明晰，得出这类问题其实就是鸡兔同笼问题的一个模型，从而对模型意识有了深刻的感悟，也让学生明白数学就在我们的身边．

【赏析】

"鸡兔同笼"教学内容选自人教版小学数学四年级下册第104～108页．该教学片段是在学生学完鸡兔同笼问题后，利用假设法解题，初步理解数学建模的思想方法．现实生活中鸡兔同笼的问题情境较为少见，因此该教学片段在巩固练习环节中引入了经典的龟鹤同游问题和租船问题，意在构建鸡兔同笼问题的模型．

（1）在鸡兔同笼问题中感悟假设法．

教师在出示鸡兔同笼问题后，引导学生探究尝试．学生用列表格枚举方法进行解答，最后由教师对这些方法进行总结，并提问学生这些解法有什么共同特点．学生思考后发现他们在解答过程中没有先去算而是先假设，由此教师总结：假设是一种重要的数学方法．

（2）在龟鹤同游和租船问题中体验建模.

在学生掌握假设法的解题思路后，出示龟鹤同游问题、生活中的租船问题等，让学生感受到鸡兔同笼问题在生活中的广泛运用，体现出数学就在我们的身边和数学在生活中的应用价值. 通过巩固练习，学生自己感悟鸡兔同笼问题并不仅仅是鸡兔同笼问题，而是这类问题的一种模型，此时数学的模型意识在他们头脑中悄然产生.

鸡兔同笼问题贵在能让学生学习假设推理的数学思想方法，贵在用来解决生活中类似于鸡兔同笼的变式问题，拓宽了学生对鸡兔同笼问题的认识，从而顺利完成知识的迁移和对知识的建构. 让学生亲身感受鸡兔同笼问题的学习过程，旨在构建解决这类问题的数学模型.

该教学片段是培养学生数学建模素养的比较合适的案例. 注重数学模型的构建、学生模型意识的培养，是学生学好数学的重要过程之一. 此案例对培养学生的建模等数学思想可以说是"润物无声"，在平时的教学中渗透数学思想是课程标准理念下培养学生数学核心素养的教学方向，也是改进教师教学模式的有益探索. 只有在实践中探索，在探索中实践，才能使数学核心素养在课堂落地生根，开花结果.

【案例 5-7】"算用结合　建模精彩"①——"混合运算"教学片段

一、情境导入，提出问题——为什么要计算（以"用"引"算"）

出示主题图"过河"：一群小学生上学途中要乘船过河，河边摆着许多船，每条船限乘 9 人. 现在河边共有男生 29 人，女生 25 人，其中一个男生在想：至少需要几条船？

师：图中告诉我们哪些数学信息？

生 1：河边有 29 个男生、25 个女生背着书包去上学.

生 2：河边有许多小船. 小船上写着"限乘 9 人".

师："限乘 9 人"是什么意思？

生：就是每条船最多能乘 9 人.

师：图中要我们解决什么问题呢？

生：每条船限乘 9 人，要把这些学生运过河去需要几条船？

二、建立模型，解决问题——理解算理、掌握算法（以"用"释"算"）

师：要求需要几条船，可以用什么方法来计算？请说出数量关系式.

生：总人数÷每条船限乘的人数=需要船的条数（提出模型假设）.

---

① 本教学设计由江西省南昌市西湖区教师发展中心白晶提供.

师：哪个信息还没有直接告诉我们？怎样解决？

生："总人数"还不知道，可以用"男生人数+女生人数=总人数"求出（利用数学模型解决中间问题）.

师：请大家在本子上列出算式计算.

学生独立列式计算，然后汇报（利用模型求解）.

生：$29 + 25 = 54$（人），$54 \div 9 = 6$（条）.

师：请说说每一步分别解决什么问题.

生 1：第一步是"男生人数+女生人数=总人数"，第二步是"总人数÷每条船限乘的人数=需要船的条数".

生 2：我是先算男生需要几条船，$29 \div 9 = 3$（条）……2（人），再算女生需要几条船，$25 \div 9 = 2$（条）……7（人），剩下 $2 + 7 = 9$（人），正好需要一条船，所以 $3 + 2 + 1 = 6$（条）.

师：你的想法有创意！

师：请大家将"$29 + 25 = 54$（人），$54 \div 9 = 6$（条）"列出综合算式.

学生独立列式，教师巡视，将学生列成的算式写在黑板上：$29 + 25 \div 9$.

师：请各学习小组讨论这样列综合算式对不对. 你能用什么办法来验证它是否正确？（让学生用前面提出的模型假设来验证运算顺序是否正确.）

生：这样列式是不对的，因为要先算 $25 \div 9$，它是有余数的，和原来的得数不一样了.

生：前面在分步计算的时候，是先求总人数，然后按照"总人数÷每条船限乘的人数=需要船的条数"来算的，而这样列综合算式就不能先求"总人数"了，所以是错的.

师：那有什么办法让综合算式与分步计算的运算顺序一样呢？

生：要将综合算式中的 $29 + 25$ 用小括号括起来.

师：（让这个学生在板书的算式中添上小括号.）小括号有什么作用呢？

生：算式中小括号括起来的部分能够先算.

师：对，小括号的作用就是能够先算. 请大家再和前面的数量关系对照一下，加了小括号之后运算顺序是否一样了？（让学生根据数学模型体验小括号的作用.）

让学生完整地计算 $(29 + 25) \div 9$，并说说它的运算顺序.

三、拓展模型，解释应用——让计算应用到新情境（以"算"促"用"）

1. 模型应用

1）先说说运算顺序，再计算

$5 \times (36 - 29)$　　　$(83 - 35) \div 6$　　　$94 - (25 + 19)$

2）算一算，比一比

$18-9\div 3$　　　　　$(18-9)\div 3$

3）列综合算式计算

三（1）班和三（2）班组成一个方阵参加广播操比赛，三（1）班有 40 人，三（2）班有 41 人，平均排成 9 行，每行有多少人？

2. 模型拓展

（1）欢欢有 10 支铅笔，用去 4 支，剩下的送给 2 个小朋友，平均每个小朋友能分到几支？

（2）六（1）班共有学生 52 人，六（2）班有男生 24 人、女生 25 人，六（1）班比六（2）班多几个学生？

3. 模型提升

师：下面我们来总结解决两步计算问题的共同特征（两步计算问题解决的共同模型及关键）.

学生先小组讨论有哪些共同的特征，然后师生归纳得出：首先根据所要解决的问题列出一个关系式，接着根据关系式寻找所需要的信息，如果某个信息还不知道，要寻找出与它有关的数据，再根据关系式求出这个信息. 其关键是：先解决中间问题，再解决最后问题，每一步的问题解决都要根据基本数量关系来进行.

【赏析】

在以往的教学中，计算和应用问题各自单独安排，如四则混合运算就纯粹地解决运算顺序，应用题教学中也没有学习小括号的任务. 故在以数学核心素养为导向的数学课堂中，教师不应将"应用题"独立进行教学，而应强调从运算意义出发进行思考，将数学与现实联系起来，让学生学会用数学的眼光、数学的思维、数学的方法去认识世界，主动解决所碰到的现实问题. 倡导"问题情境—建立模型—解释、应用与拓展"的学习模式和"原型—模型—应用"的知识呈现形式. 教材之所以这样改革，是抓住了计算和应用问题之间的内在联系，使计算的意义成为解决问题的依据，而通过解决问题又可以加深对算理和算法的理解，两者之间是相互促进的关系，在教学中应把它们有机结合起来，使它们"水乳相融"而不是"油水分离". 上述教学片段就是基于这样的思考来开展的，体现了以下特点.

（1）在问题情境中计算.

以往的计算教学是没有具体情境的，一般是通过复习旧知识导入的. 新课程则强调计算教学要紧密联系学生的生活实际，在学生已有的生活经验基础上开展教学，并且能够激发学生的学习兴趣．因此，上述课例创设了学生上学途中乘船的情境，让学生从情境中发现数学信息，提出数学问题，提升学生收集信息、发现问题的能力．这是数学建模的第一步，即数学建模就是把现实世界中的实际问题加以提炼，抽象为数学模型，求出模型的解，验证模型的合理性，并用该数学模型所提供的解答来解释、应用现实问题的过程．

该课例中的整个计算教学，学生始终在问题情境中提出问题、探索算理、掌握算法，这是计算教学的一大改革．学生的计算是在问题情境中进行的，所以这样的计算不是单纯地为了完成计算任务，它还有一个重要任务，就是为了解决问题而进行计算，因此这样的情境有"以用引算"的作用．

（2）在计算中解决问题．

为了解决提出的数学问题，教师应引导学生分析数量关系和解题思路，这是提高学生解决问题能力的重要手段．当前，有些教师存在困惑：在解决问题教学中要不要进行数量关系的分析？要回答这个问题，我们首先需要分析一下"解决问题"的思维过程，在解决问题中要实现两个转化：①实际情境→数学问题；②数学问题→解决问题．在以往的教学中，第一个转化由教材编写者代替解决了，学生只需解决第二个转化．有些教师关注了情境的创设，关注了信息的收集，而忽略了数量关系的提炼，形成了"就题论题"现象，学生的每一次活动都只是孤立的个案，没有加以必要的梳理与整合，没有通过问题情境探索并构建数学模型，也就难以实现结构化迁移，这样的教学也不是真正的数学建模学习活动，因为数学模型的核心要素是要用数学语言表述数学结构．

因此，教学中应该让学生根据数量关系和解题思路独立地解决问题．比如，学生在分步解决中独立想出了两种方法，教师应及时对其进行肯定，使学生体验到成功的快乐．

（3）在解决问题中解释算理．

在学生完成分步解决的基础上，教师及时引导学生列综合算式，此时又创设了一个新的问题情境：没有小括号的综合算式和分步的算式不一致．此时，教师引导学生充分利用数量关系和解题思路去验证综合算式是否正确，在引出小括号后，又让他们去解释、体验小括号的作用，达到了以"用"释"算"的功效．在解决问题的情境中，学生借助具体的数学模型进行检验和解释，使他们体验到小括号的引进是解决实际问题的需要，它的运用使原先产生的"矛盾冲突"得到解决，进而感觉到一种和谐美，并对认知活动留下了深刻的印象，体验到数学学习的价值．学生不仅理解了算理，掌握了算法，还顺利完成了解决问题的任务，而且负担不重，收到了一举多得的效果．

（4）在解释算理中提炼升华.

当学生得出具体的数学模型后，教学中还安排了拓展应用的环节. 首先设计了基本练习（直接计算和用计算解决实际问题），以巩固和加深对基本模型的理解. 接着安排了变式练习，这是对基本模型的拓展，使该计算模型应用到新的情境中去，达到以"算"促"用"的目的. 通过练习，学生明白了对数学模型要进行灵活应用，防止其被机械套用. 最后对解决两步计算问题的共同特征进行了提炼概括，引导学生理出解决两步实际问题的知识链，形成认知网络结构，实现结构化迁移，提高解决数学问题的一般能力.

在当前的教学中，不少学生不会分析数量关系，找不到两步计算的中间问题，讲不清解题思路. 这些现象都与教师在教学中忽略对解决问题基本方法的提炼和总结有关，而这些基本方法对提高学生的数学思维能力和解决问题能力都有促进作用，它有别于解一类题型的个别技巧，而是一种具有广泛迁移性的解题能力. 可见，学生只有积累必要的基本数量结构，弄清数量结构之间的组合特点，才能在获取信息后形成解题思路，学会解决问题，并把零散的知识汇编成系统的网络，从而把握"问题解决"学习领域总的结构系统.

5.3.2 应用意识

数学从生活中来，到生活中去，这体现了应用意识两方面的含义. 一方面，学生会用数学的眼光观察世界，能从生活中发现数学信息，认识到生活中处处有数学，体会到在现实生活中数学应用的广泛性；另一方面，在面对实际问题时，学生能主动尝试着从数学的角度运用所学解决问题. 在教学中，教师应注意提供运用数学语言描述生活中常见的数学现象的机会；除此之外，教师还应鼓励学生主动尝试着从数学角度运用所学寻求解决实际问题的方法. 下面将以"钱够吗？"为例来阐述在教学中如何培养学生的应用意识.

【案例 5-8】 "钱够吗？"教学片段[①]

片段一：创设情境，发现问题、提出问题

课件出示课题：钱够吗？

师：看到这个课题你想知道些什么？

（学生各抒己见.）

---

① 本教学设计由江西省南昌市新世纪小学晏桂英提供.

小结：是的．要知道钱够不够，得算一算，比一比，看一看！

课件出示图 5.10．

创设情境

聪聪有 9 元钱，买这两种玩具，够吗？

 3元　　 5元

图 5.10

学生齐读题目：聪聪有 9 元钱，要买两种玩具，一个玩具熊 3 元，一辆小汽车 5 元，钱够吗？

师：从中你发现了哪些信息，提出了一个什么数学问题？

生 1：我发现钱的总数是 9 元，一个玩具熊的价钱是 3 元，一辆小汽车的价钱是 5 元．

生 2：问买这两种玩具钱够吗．

师：买这两种玩具钱够吗？你是怎么想的？先独立思考再和同桌交流各自的想法．

【设计意图】导入时，利用问题式的课题激发学生思维，活跃数学课堂，激活学生经验，培养学生学习数学的乐趣．同时，营造发现和提出问题的氛围，培养学生的应用意识，让学生成为课堂的主人．

片段二：自主探究，分析问题、解决问题

教师：谁先说说你是怎么想的？

生 1：我是先求买一个玩具熊后剩下的钱是多少，后用剩下的钱与小汽车的价钱进行比较，最后判断出要买这两种玩具够不够．

师：如何列式？

生 1：$9-3=6$（元），$6>5$，所以钱够．

师：6 元表示什么？

生 1：6 元表示买一个玩具熊后剩下的钱．

师：你们同意吗？

生齐：同意．

师：$6>5$ 又表示什么？

生齐：剩下的钱比小汽车的价钱多．

师：是的．想到用先求剩余再比较的方法，了不起！

（板书：先求剩余再比较．）

师：你的想法是……？

生 2：我是先求买一个玩具熊和一辆小汽车一共需要多少钱，然后用两种玩具的总价与聪聪有的 9 元钱比大小．

师：如何表示？

生 2：3＋5＝8（元），8＜9，所以钱够．

生 2：8 元表示买一个玩具熊和一辆小汽车一共需要多少钱．

师：你们同意吗？

生齐：同意．

师：8＜9 又表示什么？

生齐：两种玩具的总价比聪聪的 9 元钱少．

师：是的．想到用先求总价再比较的方法，有不同的想法！

（板书：先求总价再比较．）

师：孩子们，问你"钱够吗？"可以怎么想？

生齐：可以先求剩余再比较，还可以先求总价再比较．

师：都是有想法的好孩子！再看！

课件出示图 5.11．

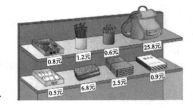

明明有10元钱，买了一个▭．

图 5.11

师：从图中你发现了哪些数学信息？

生 1：我发现每种文具都标了价钱．

生 2：我发现明明有 10 元钱，买了一个文具盒．

师：可以提出一个数学问题吗？

生 3：还剩多少钱？

师：谁来口答？

生 4：10－6.8＝3.2（元）．

师： 再看！又有什么发现？

课件补充出示图 5.12．

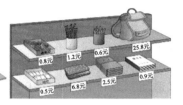

自主探究

明明有 10 元钱，买了 1 个 ▭ 还想买 1 个 ▭ 和 1 支 ✎ 他的钱够吗？

图 5.12

师： 发现了哪些数学信息？要解决的数学问题呢？

生 1： 我发现明明有 10 元钱，买了一个文具盒，还要买一个笔记本和一支铅笔．

生 2： 问买这三种文具钱够吗．

师追问： 根据信息你想怎样解决这个问题？将想法和同桌说一说．

（教师巡视，了解学生交流情况，指名汇报．）

师： 你的想法是？

生 1： 我是这样想的，先求明明买一个文具盒后剩下的钱是多少，再求出用剩下的钱买一个笔记本后又剩下的钱是多少，最后用明明剩下的钱与铅笔的价钱进行比较，判断出明明的钱够买这 3 种文具．

师： 和他的想法相同的有吗？还有不同的想法吗？

生 2： 我是这样想的，先求明明买一个文具盒后剩下的钱是多少，再计算出笔记本和铅笔的价钱，然后用明明剩下的钱与笔记本、铅笔的价钱之和进行比较，最后判断出明明的钱够买这 3 种文具．

师： 这种想法也行，为你点赞！还有吗？

生 3： 我是这样想的，先求明明买一个文具盒、一个笔记本和一支铅笔一共需要多少钱，然后用三种文具的总价与明明有的 10 元钱进行比较，最后判断明明的钱够买这 3 种文具．

师： 个个都是爱思考的好孩子，这么多的想法用算式该怎么表示？快速将式子记录在你的答题卡上．

（教师巡视，了解学生书写解题思路情况，学生板演，如图 5.13 所示．）

生1： 10−6.8=3.2（元） 3.2−2.5=0.7（元） 0.7>0.6，买 ✎ 够了． (a)	生2： 10−6.8=3.2（元） 2.5+0.6=3.1（元） 3.1<3.2，明明的钱够． (b)	生3： 6.8+2.5+0.6=9.9（元） 9.9<10，明明的钱够． (c)

图 5.13

师追问：为什么说 3.1<3.2，明明的钱就够？为什么用 0.7 和 0.6 比较？

生 1：我用的是先求剩余再比较的方法．

生 2：其实我用的也是先求剩余再比较的方法．虽然第二步是求两种文具的总价，但最后还是用剩余的钱去和它比较．

教师小结：这两种思路都是先求出买文具后剩余的钱，然后再比较剩余的钱够不够，都想到用先求剩余再比较，是学习数学的小能手．

师又追问：为什么说 9.9<10 就够？

生 3：我用的是先求总价再比较的方法．

教师小结：看！同一道题我们可以用不同的方法来解决．再想想，要知道先求剩余再比较的方法是否解答正确可以怎样想？

生 1：可以用三种文具的总价与明明有的 10 元钱进行比较．

师：学会检验是一种好的学习习惯，他说的检验方法和先求总价再比较的方法是？

生齐：一样的．

师：那要知道先求总价再比较的方法是否解答正确可以怎样想？

生齐：用先求剩余再比较的方法．

师：有什么想说的吗？

生：加法计算的，可以用减法用来检验．

教师小结：是的．同一道题我们可以用不同的方法来解决，不同的方法还可以相互检验．

【设计意图】新授环节，教师注重引导学生分析问题，让学生通过自主探究与合作交流解决问题．鼓励学生大胆地将解题思路进行准确的描述，有利于学生思维能力的形成，在"问题解决"中培养学生的"四能"和应用意识．

片段三：联系生活，培养学生的应用意识

师追问：如果把普通铅笔换成带橡皮的铅笔钱够吗？你还会解决吗？有什么好办法？

生 1：用先求剩余再比较的方法判断钱不够．

生 2：用先求总价再比较的方法判断钱不够．

生 3：将普通铅笔的 0.6 元换成带橡皮铅笔的 1.2 元就可以了，判断钱不够．

师：生活中有和"钱够吗"类似的数学问题吗？

生：我爸是司机，听过"车子超载"的问题．

师：真是个有心人．是的，看！"超载了吗？"

课件出示图 5.14．

生活中的数学

货车自重2.8吨，最大载质量6吨.它是否超载了？

共重8.7吨

图 5.14

（学生默读理解题意．）

师： 说一说"最大载质量 6 吨""自重 2.8 吨""共重 8.7 吨"各是什么意思．

生 1： "最大载质量 6 吨"是说这辆货车装的货最多 6 吨．

生 2： "自重 2.8 吨"是告诉我们这辆车不装货时本身的重量．

生 3： "共重 8.7 吨"是指现在货车装了货时的总重量．

师： 解释得真清楚，解决的问题是什么？

生： 货车超载了吗？

师： 你们是怎么想的？先独立思考，再和同桌交流你的解决方法和结果．

（学生汇报．）

生 1： 我是这样想的，先算货车装满时的重量，6＋2.8＝8.8（吨），再和现在共重的 8.7 吨比较，发现 8.8＞8.7，判断没有超载．

生 2： 我是这样想的，用现在共重的量减去货车自身重量，8.7－2.8＝5.9（吨），再和最大载重量 6 吨比较，发现 5.9＜6，判断没有超载．

【设计意图】 在巩固练习中，教师给学生创设生活中实际问题的应用载体，让学生认真观察、收集数据，联想学过的知识和技能，通过知识的迁移大胆汇报解决问题的方法．

【赏析】

"钱够吗？"这个教学内容是人教版小学数学三年级下册第七单元例 4 的内容，是学生掌握了"认识小数"和"简单的小数加、减法"后，利用小数加减法解决问题的知识点，是培养学生发现问题、提出问题、分析问题、解决问题能力的载体，使学生认识到了现实生活中蕴含着大量与数量有关的问题，这些问题可以抽象成数学问题，增强学生用数学的方法予以解决的意识．

（1）利用"问题"营造氛围，培养学生发现问题和提出问题的能力.

学生的问题来源于真实的生活体验，"问题"是学习数学最好的载体，"问题解决"是学生思维发展的最高层次."问题解决"更强调先有"问题"后解决，更好地体现"问题解决"的目标、策略与过程.课堂伊始，教师就利用问题式的标题激发学生思维，活跃数学课堂，激活学生经验，培养学生学习数学的乐趣.同时，营造发现问题和提出问题的氛围，让学生成为课堂的主人，调动学生参与数学活动的主动性和积极性，使课堂教学更加高效.

（2）利用"问题"巧妙引导，培养学生分析问题和解决问题的能力.

"数学问题解决"是一种复杂的创造性活动，而一个人创造能力的大小与他的求异思维能力成正比.因此，在教学过程中，要注意培养学生的求异思维，这对"数学问题解决"能力的培养是非常必要的.自主探究环节中，教师利用"问题"巧妙引导，将主题图的教学内容逐层分段出示，鼓励学生大胆描述自己的想法和解题思路.本着"信任学生"的原则，将课堂还给学生，学生分析问题和解决问题的能力得以增强，学生的思维能力得到提升，让学生充分地体会到学习数学的成就感.

（3）利用"问题"联系实际，关注学生经验，实现应用意识的培养.

生活是数学知识的源泉，反过来知识又可以应用于解决现实问题.在小学数学教学中，根据学生的认知发展水平和已有经验，教师从生活实际出发，引导学生问出"超载了吗？"这一生活问题，鼓励学生认真观察，使其理解关键词，并联想学过的知识和方法，通过知识的迁移提出解决问题的方法.把知识与生活密切联系起来，既能激发学生学习的兴趣，又能提高学生发现问题和提出问题、分析问题和解决问题的能力，实现学以致用的目的.

总之，培养学生的问题意识和应用意识，让学生成为问题的发现者与解决者，是小学数学教学的重点，也是增强学生应用意识的关键.在教学时，教师要不断鼓励和引导学生发现问题、提出问题、分析问题并解决问题，在"问题解决"中培养学生自主学习的能力和应用意识，从而提高教育教学的质量，促进学生的个性发展.

5.3.3 创新意识

创新意识是一种求新、求变的意向，是培养学生创新能力的必要条件，对发扬学生创新精神具有重大意义.问题是创新的源泉，在教学中，教师一方面应注意营造宽松和谐的学习氛围，让学生敢于质疑、勇于提问；另一方面应注意开展丰富多样的数学实践活动，让学生从做中学，在做中不断发现问题、提出问题，从而培养学生的问题意识，加强学生的创新意识．下面将以"认识钟表"为例来阐述在教学中如何培养学生的创新意识．

【案例 5-9 】"认识钟表"教学片段①

片段一：在建构钟表的活动中认识钟面

师： 同学们，咱们已经认识了一些数宝宝，这些数宝宝在我们的生活中处处应用着．瞧！今天我们的数宝宝 1～12 要去做客了．请小朋友们猜一猜，它们要去谁家做客呢？

师： 它们要去钟表家做客，钟表家有这样一块表，你看完整吗？你有什么好办法很快就能帮每个数宝宝找到自己的位置呢？

师： 你想先帮谁找位置？

学生回答，突出 3，6，9，12 的位置．

【设计意图】 为了符合低龄段孩子的学习习惯，本环节创设数宝宝去做客的数学活动．教学形式上，重视学生的独立探索和合作交流的有机结合，课堂中让学生根据自己的体验，用自己的思维方式去探究，去发现，去再创造，使每个学生都能开拓一块属于自己的思维区域．

师： 看来这几个数的位置太重要了，知道了它们的位置，就可以帮其他的数宝宝很快地找到位置了．

课件出示 12 个数字都有的钟面．

师： 现在这块表完整了吗？

师： 你想为它装上怎样的三根针？是长短都一样的吗？

引导学生说出时针、分针和秒针，并说出它们的区别（课件出示三根针的名称）．

师： 今天我们先委屈一下秒针弟弟，暂时不研究它，只研究带有时针和分针的钟表（课件演示隐去秒针的钟面图）．

师： 平时你们见过这两根针走动吗？它们是怎样走的？能用你的小手来画一画它们是怎样走的吗？

生： 我知道，钟面上的时针、分针是顺着 1，2，3，4，5，6，7，8，9，10，11，12 的方向走的．

---

① 本教学设计由江西省鹰潭市余江区第三小学侯才福提供．

师：你能照这样的顺序拨一拨小闹钟吗？体验时针、分针是怎么走的．

（学生动手拨小闹钟．）

【设计意图】这里让学生亲自动手拨小闹钟，抓住了儿童的心理特点，为学生提供了动手实践、自主探索、畅所欲言的机会，提高了学生的参与意识和积极性，同时又培养了学生的动手实践能力．

片段二：认识整时

1. 整时的常用表示法

1）学生尝试拨整时

师：你们会拨钟吗？自己拨出一个喜欢的时刻，看谁拨得好，请他上来拨（选三个学生上来）．

问：你拨的多少？刚才三个同学说的"×点"是口头语，正确的书面用语叫"×时"（板书）．

指着三个钟面说"这个读×时……"并板书：×时，×时，×时．指着"×时，×时，×时"说"这些都是整时"（板书）．

2）观察比较整时针的特点

小组同学一起观察：黑板上三个钟面上的针有什么相同点和不同点？

3）引导学生得出认识整时的方法

分针指着12，时针指着几就是几时．

4）练习

（1）老师拨钟面，学生说时刻，2时、6时……

（2）生活中，我们做的事都和时间紧密相连，请你们拨出时刻：①早上上学的时刻；②每天看动画片的时刻；③每天爸爸妈妈看新闻联播的时刻．

（3）你还想拨哪个整时？拨一拨，这时你在干什么？

2. 整时的第二种表示法

（1）教师出示标有"8:00"的卡片问：你见过这种时间吗？在哪里见过？

师：这是整时的第二种表示法，叫"电子表示法"．

（2）谁想写几时就写几，然后写上"："再写两个"00"．

（3）指着黑板钟面，问：你会用电子表示法来表示吗？请写在练习本上，看谁写得好，请二人板演，大家评一评谁写得好．

（4）今天两种整时表示法你都会写吗？你们还想比一比吗？

师：老师写出了一种，请你写出另外一种．

【设计意图】从学生已有的生活经验出发，大胆放手，让学生自由拨钟面上表示的时刻和尝试认识电子表表示的时刻，然后引导学生自主探索、合作交流，得出认识整时的方法及整时的两种表示方法，体现了教学方法的开放性和创造性，设计新颖，有创意．

【赏析】

"认识钟表"是人教版小学数学一年级上册的授课内容．它是帮助学生建立时间概念的初步尝试，同时也为以后"时、分、秒"的学习奠定了基础．一年级的学生思维较为跳跃，注意力不集中，因此教师需要借助一些教学用具（时钟），让学生在自主实践和观察思考中培养创新意识．

（1）巧设导入，激发学生学习兴趣．

兴趣是最好的老师，知识的引入能否激发学生的学习兴趣，直接关系到学生对知识的理解和接受．教师从学生已有的认知经验出发，以"1～12"的数宝宝到钟表家里做客为导入，符合学生的认知特点．同时，引起学生的好奇心和探究欲，激发学生学习的热情和积极性，为构建和认识钟表的教学内容做好铺垫．

（2）自主实践，帮助学生认识钟面．

教师引导学生帮助数宝宝找到位置，先帮"3，6，9，12"这几个数字找到位置，最后再找到其他数字的位置．学生在构建钟面的过程中学会思考．教师出示完整的钟面，让学生认识时针、分针、秒针．接着提问学生时针、分针是怎么走动的，学生通过观察实物，说出钟面里时针、分针的走动规律，并亲手拨动小闹钟加以验证．归纳概括得到猜想和规律并加以验证，这是培养创新意识的重要方法．

（3）联系生活，建立学生时间观念．

学生仅仅会认识钟面是不够的，数学知识还需为我们的生活服务．教师引导学生说出一个喜欢的时刻并让学生动手拨弄，这使学生经历了一个独立思考的过程．学生通过回忆生活中的时间点，例如早上上学和每天看动画片的时刻，并拨动钟面表示出来，初步建立了自己的时间概念．学生通过自由拨钟面上表示的时刻和认识电子表表示的时刻，得到认识整时的方法及整时的两种表示方法．

爱因斯坦说："兴趣是最好的老师．"学生如果对学习产生浓厚的兴趣，就会在无意中形成创新的内在动力．在以上教学片段中，学生在自主探索、全班交流、动手操作等数学活动中认识钟表，学习整时，教学活动紧紧围绕着学生展开，能够激发学生兴趣，发掘学生的思维，从而培养其创新意识．

5.4 直观想象素养教学片段

5.4.1 量感

量感主要是指对事物的可测量属性以及大小关系的直观感知，是对量的感受，是指视觉、触觉等感官对物体的规模、程度、速度等方面的感觉，也就是对物体的大小、多少、轻重、厚薄等的感性认识．培养学生的量感有助于其更准确地去认识自己生活的世界，进而会对真实的情境选择合适的度量单位来度量，会在同一度量方法下进行不同单位的换算．下面以"体积和体积单位"为例，阐述在教学中如何培养学生的量感，进而帮助学生形成抽象能力和应用意识．

【案例 5-10】 "体积和体积单位"教学片段[①]

一、关联旧知，引发思考

师：今天我们来学习体积．看见"体积"，你会联想到以前学习的哪些知识？

生：我想到以前学习的面积．

（学生回忆面积相关知识：对象、度量、工具等方面知识．）

师：如果说面积研究"面"的大小，那你觉得体积是研究什么的呢？

（学生猜想．）

师：大家的想法都有些道理．那到底什么是体积呢？看看你能否从接下来的这个实验中受到启发．

【设计意图】学生在刚接触体积时对此概念还较为陌生，此时教师可引导学生回忆以往所学过的面积，同时利用实验进行导入，激发学生的学习兴趣．

二、实验演示，理解体积

1. 演示实验，初步感悟

师：这里有四个同样大小的杯子，其中两杯装满了水，另外两杯是空杯，我给它们依次编上号．接下来，我要先放一块小石头到 3 号空杯里，再把 1 号杯子中的水倒进 3 号空杯．仔细观察．

（教师演示，学生观察并汇报发现．）

---

① 本教学设计由江西省南昌市育新学校红谷滩分校刘克群提供．

生：1 号杯子中的水无法全部倒入 3 号杯子，还有剩下的．

师：两个杯子不是一样大小吗？为什么 3 号杯子无法装下 1 号杯子中全部的水？

生：3 号杯子里面有石头．

师：哦，是石头占了杯子里的空间吗？

生：嗯，石头占了 3 号杯子的空间，所以有一部分水装不下了．

师：真会思考．那我接下来要把 2 号杯子中的水全部倒入 4 号杯子中，你们觉得能全部装下吗？

生：能，4 号杯子和 2 号杯子一样大小，而且 4 号杯子是空杯．

师：哦，那如果这次我要在 4 号杯子中放一块更大的石头呢？结果又会怎样？

（学生猜测，并表达自己的想法．）

（教师演示实验，先将一块更大的石头放入 4 号空杯中，再将 2 号杯子中的水倒入 4 号空杯中．结果和学生猜测一样．）

师小结：的确，不同大小的石头放入空杯中，都占了杯子的空间，当然就再也无法装下原来的整杯水了．石头大小不同，其所占的空间也就不同，当然，满杯的水所剩下的也就不同．

2. 自学书本，认识体积

师：那到底什么是体积呢？请大家自学书本第 27 页内容．

（学生自学．）

3. 举例说明，理解体积

师：谁来说说你现在对体积的认识？能否举例说一说．

生 1：物体所占空间的大小就是物体的体积．比如，我手上这本书就占了空间，这就是这本书的体积．

生 2：桌子所占的空间就是桌子的体积．

生 3：房子所占的空间就是房子的体积．

生 4：我所占的空间就是我的体积．

……

师：真不错，的确，体积就是物体所占空间的大小．当然，刚才同学们还提到了我们这个教室容纳了多少人，其实这是和体积密切相关的另一个概念——容积，也就是物体所能容纳的空间大小．我们后面还会学习．

【设计意图】教师在进行实验的过程中与学生进行互动，之后让学生进行自学，用书本上的知识解释实验现象，逐步引导学生建立起"体积"的概念，与此同时让学生举例，不断强化、巩固所学习的新概念．

三、建立冲突，引出单位

师：刚才大家结合书本联系生活说出了自己对体积的理解，表述非常正确，理解得很到位．老师这有两个几何图形，这是我们前面认识的长方体、正方体．它们有体积吗？

生：有，所有物体，立体的都有体积．

师：是啊，物体所占空间的大小就是它的体积．那你们能通过观察直接比较出它们体积的大小吗？

生：不好比较．

师：那能想办法比较出它们的大小吗？

生：把它们切割成小的比一比．

教师用多媒体将它们分成大小不同的小正方体．

师：现在你们能比较出它们的大小了吗？

生：还是不能，因为分割成的小正方体大小不同．

教师再用多媒体将它们分成大小相同的正方体．

师：现在能比较出它们的大小吗？你是怎么比的？

生：能，左边的长方体比右边的体积大．因为左边的长方体有16个小正方体，而右边的有15个而且小正方体的大小相同，所以左边的比右边的大．

师：真好，不能通过观察直接比较体积大小的两个立体图形通过分割成小的正方体，就比较出它们的大小了．想想看，怎么同样是分割，第一次不能比，而第二次就能比出它们体积的大小呢？

（学生思考并回答．）

生1：因为分成的每个小正方体的大小相同，标准统一了就好比较了．

生2：就像以前测量长度、面积一样，体积也应该有体积单位，知道有几个体积单位就能比较出它们的大小了．

师：的确，比较物体的体积大小，也有统一的标准、统一的单位，也就是"体积单位"．

（板书另一半课题：体积单位．）

【设计意图】学生在此之前仅仅是建立了"体积"的概念，但真正要培养其量感，还需要通过体积的比较引出体积单位，同时这也是本节课的另一重点．

四、深入探究，建立量感

1. 自学书本，初识单位

师：到底体积单位又有哪些呢？请大家再次打开书，阅读第28页的内容．你能理解体积单位的含义吗? 可以结合学具袋中的学具感受一下.

（学生自学.）

2. 结合实物, 理解单位

师: 谁来说说自己对这三个体积单位的认识? 可以说三个, 也可以选择其中的一个. 说的时候, 你可以借助学具中的学具来说.

（学具中有色子、粉笔盒、直尺、米尺等.）

生 1: 像这样棱长为 1 厘米的正方体, 体积是 1 立方厘米. 我手中的这个小色子它的体积就正好是 1 立方厘米.

生 2: 棱长为 1 分米的正方体, 体积是 1 立方分米. 这个粉笔盒的体积大约是 1 立方分米.

生 3: 棱长为 1 米的正方体, 体积是 1 立方米. 学具袋不可能有 1 立方米那么大的空间. 不过我想请同学来帮忙, 我要用这根米尺找到 1 立方米. （学生用米尺在角落里围了一个棱长大约 1 米的正方体.）

师: 你真是太会思考了, 像这样棱长为 1 米的正方体, 体积就是 1 立方米. 这个空间大约就是 1 立方米大小. 来, 看看能站下多少位同学?

（请同学上台试一试, 感受 1 立方米的空间范围.）

3. 动手操作, 深化单位

师: 大家不仅对体积单位有了认识, 还能结合实物进行举例. 接下来, 老师有一个任务想交给大家. 借助现有的学具, 你还能找到哪些物体的体积呢? 小组合作, 并把结果填在表格（表 5.1）里.

表 5.1

我们选用的学具	我们找到物体	它的体积大约是?	我的感想

（学生小组合作.）

（集体汇报.）

师: 刚才的任务大家完成得非常好, 不仅认识了体积单位, 还能通过操作、观察, 知道一些物体体积大致是多少. 的确, 我们要计量一个物体体积, 就要看这个物体中含有多少个体积单位.

【设计意图】 以小组合作、动手实践的形式, 充分让学生感知体积及其单位, 在从初始到理解再到深化的过程中, 逐步建立起量感.

【赏析】

该教学片段联系旧知帮助开展"质疑启思、实验感悟、具体操作、互助互学"等活动,鼓励学生释疑问难,通过多途径——"自学、交流、合作、展示"等方式主动获取知识,让学生自主迁移建构体积概念. 在建构体积单位时初步形成 1 立方米、1 立方分米、1 立方厘米的体积单位的空间模型,通过学生主动发现、寻找物体的体积的合作活动,帮助学生建立量感. 活动逐层推进,更大限度地发挥学生的主观能动性. 在发展学生空间观念、推理能力,帮助学生建立量感的同时,教师鼓励学生自主提问,并尝试自主发现、解决问题,这既很好地培养了学生的自主探究、合作交流的能力,也很好地诠释了"21 世纪学生发展的核心素养"观念下对学生"问题意识""创新意识"的培养.

5.4.2　空间观念

空间观念不仅包括由长度、宽度、高度表现出来的客观物体在人脑里留下的概括的形象,而且包含提到某个几何图形时,学生能在头脑中想象出物体的大小、具体形状和物体间的位置关系等. 教师应充分考虑学生的已有经验,结合学生熟悉的现实情境来培养学生的空间观念. 在教学中,教师可以开展有利于发展空间观念的活动,如观察、回忆与再现实物,以及"拼""摆""折""量"的动手操作等,为学生的观察、想象和思考提供充足的时间和空间. 下面将以"轴对称拓展练习"和"圆柱的认识"为例来阐述在教学中如何培养学生的空间观念.

【案例 5-11】 "轴对称拓展练习"教学片段①

师: 补全轴对称图形的另一半,同学们都学得不错!接下来,难度升级,有信心完成吗?(课件出示图 5.15)请你画出这个轴对称图形的另一半.

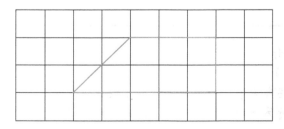

图 5.15

---

① 本教学设计由江西省赣州市上犹县第一小学阳金香提供.

小组合作，比一比，看看哪个小组想的方法又快又多．

学生通过小组合作，汇报了 8 种方法（图 5.16）．

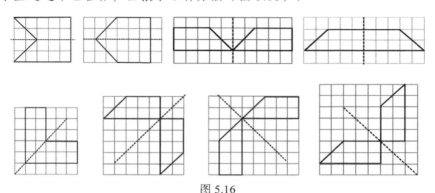

图 5.16

师： 同学们真是智慧多多呀！从不同的角度出发，把对称轴画在这个图形的不同的地方，竟然画出了这么多种不同的轴对称图形，通过小组合作、讨论、交流、探究，能想到这么多的方法．通过做这道题，你有什么感悟？

生 1： 一道题可以从不同的角度思考，它可以有很多种解法．

生 2： 小组合作可以解决很多一个人想不到的问题．

生 3： 团队的合作力量是无穷的．

师： 同学们真不错．从你们的身上，老师看到了未来数学家的影子．

师： 伟大的数学家高斯说过，数学给他最大的快乐之一不是已达到的高度，而是继续不断的攀登！想挑战下一个高峰吗？

课件显示：

图 5.17 是由 4 个小正方形组成的图形，添加一个相同的小正方形，把它改成轴对称图形．

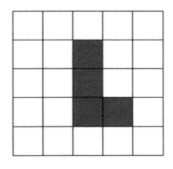

图 5.17

生 1：我把这个小正方形加在这个图形的左下方，改成的轴对称图形的对称轴是这个图形竖向的最中间，如图 5.18 所示．

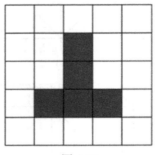

图 5.18

生 2：我把这个小正方形加在这个图形的右上边，改成的轴对称图形如图 5.19 所示．它的对称轴在这个图形的横向的最中间．

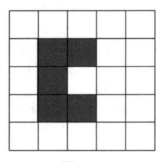

图 5.19

生 3：我把这个小正方形加在这个图形的右下方，如图 5.20 所示．它的对称轴在这个图形的斜方向．

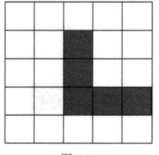

图 5.20

师：同学们思维力真强，想到了这么多的方法．真了不起！

通过刚才的两道练习题，老师发现咱们班的孩子真的是思维敏捷．孩子们，继续努力，今后的学习还有很多的挑战等着大家呢！

【设计意图】练习由易到难，帮助学生体会轴对称图形的特征，丰富学生补全轴对称图形的经验，熟悉补全轴对称图形的方法，加深理解轴对称图形的特征，同时培养学生对图形的空间想象力，激发学生敢于想象、不断探究的理性精神．通过多种形式的练习，使学生对轴对称图形的认知更加完善，从而突出本节课的教学重点，突破教学难点．

【赏析】

　　该教学片段是培养学生数学核心素养的很好案例，注重培养学生的空间观念．学生空间观念的形成，是学好数学的重要内容之一．通过两道具有开放性思维的习题，让学生通过合作、讨论，得出正确的答案，引导学生说出自己的思考过程，激发学生的语言表达能力，使问题清晰化，让学生加深对轴对称特征的理解，同时培养学生的空间观念和合作精神．这样做的目的是最大限度地培养学生的思维想象力，给学生创设自我表达和自我想象的最大空间，培养孩子的自主学习能力和创新能力．教师在孩子说出自己的思考过程和解题方法后，及时地做出中肯的评价和鼓励；学生在教师的评价和激励过程中，进一步坚定学习的自信心．

【案例 5-12】"圆柱的认识"教学片段①

一、提出问题，转换思维

师：用长方形的纸可以围出一个圆柱形，那如果还是这张纸，不围，你能用其他办法得到一个圆柱吗？

（学生思考并汇报．）

生 1：老师，把它卷起来．

师：一卷一围，卷还是相当于围起来．有其他办法吗？想想看．

生 2：老师，可以把它贴在一个本身就是圆柱体的物体表面．

生 3：你这还是相当于把它围了一下啊．

生 4：老师，我可不可以把它转一下？

师：大家仔细想想他的方法可行吗？怎样转？来比划下怎么样？

生 4：握着纸一边的中间部分，手转动起来．

---

① 本教学设计由江西省南昌市育新学校红谷滩分校刘克群提供．

师：同学们，大家看他的方法可行吗？

生5：可行，这就好像旋转门，我见过．

生6：对，见过，好多商场都有，旋转门其实也可以看作是一个长方形，他通过旋转，所扫过的地方就形成了一个圆柱．

师：你们说的是这样的吗（图5.21）？

（教师课件呈现长方形纸以两条长的中点连线为轴旋转的动态过程，学生观察．）

图 5.21　以长方形的长中点连线为轴旋转得到的圆柱

生：哇，这样旋转形成了一个圆柱啊．

师：这时，长方形的长、宽与这个圆柱有什么关系呢？

生：长方形的长就是这个圆柱底面的直径，长方形的宽是这个圆柱高，图中的点 E 是圆柱底面的圆心，也是长方形长的中点．

生：还可以换个方向旋转．

【设计意图】教师提出问题让学生联系生活实际进行思考，之后给出课件中的动画让学生能够有直观的认识，通过动画演示面动成体，让学生从多个角度认识圆柱．

二、发散思维，发展想象

师：想象一下，换个方向也这样旋转，圆柱会是什么样子？

（学生静静思考．）

生1：圆柱高高的，不像这样扁扁的．

生2：这时候长方形的长就是圆柱的高，长方形的宽是这个圆柱的底面直径．

师：是这样的吗？（课件动态呈现．）

生：是．

师：那除了把长方形这样旋转成圆柱，还有别的方法吗？

（学生静静思考．）

生 1：可以沿着这个长方形的长或宽来旋转，此时长方形的长或宽就是圆柱的轴．

生 2：我觉得也是，不过这样旋转之后，长方形的长或宽就不再是圆柱底面的直径了，而成了圆柱底面的半径了．

师：哇，你的空间想象能力真强啊！他说的你们听明白了吗？能想象吗？可以用手中的纸比划一下．

生 1：老师，我这样旋转，我现在转得不快，但是比划下大家通过想象应该能明白．经过这样旋转，这张长方形的纸的长就是旋转后得到的圆柱的高，而宽就是这个圆柱的底面半径．

生 2：我接着说，我又换一条边旋转，这张长方形的纸的宽就是旋转后得到的圆柱的高，而长就是这个圆柱的底面半径．

师：两位同学把这张长方形的纸以不同的边为轴旋转，都得到了圆柱，能想象下他们得到的圆柱是什么样子的吗？

生：一个矮矮胖胖的，一个高高瘦瘦的．

师：大家都是这样想的吗？

生：对．

师：你们是这样的意思吗？

[课件动态呈现沿着长方形纸的长（图 5.22）和宽（图 5.23）旋转得到的圆柱．]

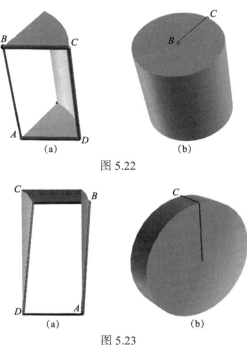

图 5.22

图 5.23

【设计意图】教师在课件中动态地展示不同形状的圆柱，有利于打破学生对圆柱的单一认识，进而培养学生的空间想象能力，培养其空间观念．

三、打破思维，思辨创新

师：还有别的方式能旋转成圆柱吗？

生1：开始我们是以长方形长的中点连线为轴进行选择的，可不可以稍微偏一些，以与它平行的线为轴进行旋转呢？

师：哦，你是这样想的．是不是觉得有些难啊．想不想看一下．

[课件动态显示（图5.24）．]

图5.24

生2：哇，这样旋转还得到了两个大小不同的圆柱．

师：你能说明一下这两个圆柱有什么相同点和不同点吗？

生3：它们的大小不同，也就是底面的半径、面积都不相同，但它们的高是相同的，都是长方形的宽，同时它们底面圆的圆心也是相同的．

师：你观察得真仔细！让我们为这位同学鼓掌！

【设计意图】通过进一步追问激发学生好奇心，在学生给出答案之后及时给予正反馈，鼓励学生在数学学习中进行思维发散，从多个角度认识圆柱．

【赏析】

帕斯卡曾说过：人类只是会思维的芦苇，然而因为懂得思考，人类却成了万物之灵长．故思想铸就了人类的伟大．"圆柱的认识"这一拓展延伸练习的教学，带领孩子们历经"提出问题，转换思维"到"发散思维，发展想象"再到最后"打破思维，思辨创新"的过程．这样逐层推进的设计让学生在新认识圆柱的特征的基础上经历动手操作的实践过程，深刻理解其特征，学生的思维再次迎来"想象""推理""思辨""创新"的热点，让学生借助一张长方形的纸，跨越从平面到立体，从二维到三维的想象过程，从惯性思维到打破常态的思辨思维，不仅很好地发展了学生的空间观念、想象能力，还让学生的思维在维度上有所跨越. 让学生先思考，再想象，再恰到好处地运用信息技术，则在很好地尊重了学生的思维的同时，丰富了学生的认知. 课堂中多次"学生静静思考"看似课堂常态，但也正是这"静态""常态"的思考，对学生"动态""兴奋"的思维发展、空间观念和想象力的形成起到了"助推器"的作用. "动与静"的有机结合，最终实现了学生创新意识的培养与发展. "圆柱的认识"也不应只是认识圆柱，而更应给学生留下"今后可以继续发展"的"原动力"——主动思考勇于创新的学习"能力". 数学是思维的体操，数学的学习促进学生的思维从量变走向质变. 数学的学习是激起"智慧"引导学生走向"创新创造"的载体. 数学的课堂学习更应是引导学生"自我学习""自我成长""自我觉醒"的平台，只有这样，"学"才能变为"习".

5.4.3　几何直观

几何直观是指利用几何图形将问题直观化，从而有助于人们发现解决问题的思路，是数形结合思想的体现. 几何直观对教师而言是一种行之有效的教学手段，对学生而言是一种重要的学习方法. 在教学中，教师自身不仅要有画图的意识，也要让学生形成画图的意识，体会画图的优势，养成画图的习惯；教师还可以引导学生从"静"与"动"两种状态认识图形，从"数"与"形"两个角度认识数学，从而发展学生几何直观的数学核心素养. 下面将以"三角形的内角和""分数乘分数""几分之几比大小""分数乘分数"为例来阐述在教学中如何培养学生几何直观的数学核心素养.

【案例 5-13】"三角形的内角和"教学片段一[①]

师：你能猜猜三角形的内角和是多少吗？

（学生自由猜测. ）

师：借助一些力量我们再来猜猜. 看这个长方形，它有几个内角？它的内角和是多少度？

生：4 个内角，内角和是 360°.

师：对，四个直角合起来是 360°. 如图 5.25 所示，像这样把它分成两个直角三角形，每个三角形的内角和是多少度？

---

① 本教学设计由江西省瑞金市沙洲坝镇八一希望学校刘素华提供.

图 5.25

生： 平均分成了两份，所以应该是 180°.

师： 如图 5.26 所示，把得到的直角三角形再分成两个小三角形，分别是什么三角形？

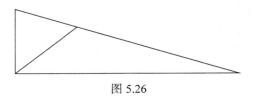

图 5.26

生： 一个锐角三角形和一个钝角三角形.

师： 猜猜每个三角形的内角和现在是多少了. 说说你的想法.

生 1： 90°，因为也是分成了两份.

生 2： 钝角三角形一个角都不止 90° 呢！

师： 那你想可能是多少度？

生 2： 可能也是 180°.

师： 我们的猜测对不对？能不能想办法测量验证呢？

生： 可以量出每个角的度数然后加起来.

师： 行，就按你说的办. 请选一个三角形，测量其每个角的度数，把量得的结果填写在操作记录单（表 5.2）中.

表 5.2

三角形类型	∠1	∠2	∠3	总和

（学生完成后汇报测量结果.）

师： 孩子们，观察这些测量结果，你有什么发现呢？

生： 每个同学测量的三角形不一样，但内角和都是 180°.

师：是呀，如果测量精确的话，不管什么三角形，它的内角和都是 180°.

师：有同学有疑问了：把一个大三角形分成了两个小三角形，每个小三角形内角和还是 180°，比原来大三角形多出来的 180°是哪里来的？

生：（指着图）是因为增加了一条线多出来的.

师：对呀，因为是沿"点对边"分割，把大三角形分成两个小三角形，直角三角形的斜边这里就产生了两个角，并且分别变成两个小三角形的内角，这两个角合起来就是一个平角，也就是 180°.

【设计意图】"三角形的内角和可能是多少"这个问题，此前是学生完全没有思考过的，为了建构起知识之间的联系，本课从学生熟悉的长方形内角和开始，一步步把学生思维打开并引向深入. 在充分感知和思考后，学生借助一定的分析去猜想，再通过测量验证猜想，从而归纳得出答案和运用所获得的知识来解释现象.

【赏析】

　　该教学片段中，面对"三角形内角和"这么一个新的知识点，并不是简单地让学生随意猜，而是借助几何直观，让学生在观察分析中去思考和猜测，从而让学生自觉地应用分析推理的数学方法来帮助思考问题. 接着对测量结果的分析，是学生从众多数据中归纳发现共性的过程，学生的概括归纳能力进一步得到增强. 然后再让学生利用所得到的结论来解释前面的猜测，使学生在豁然开朗的同时又让学生感觉到数学的神奇和奥妙，同时进一步发展学生的分析和思考能力. 在这个"合理猜测—验证归纳—应用解释"的过程中，学生的推理意识得到了充分培养，核心素养得到了进一步提升.

【案例 5-14】"三角形内角和"教学片段二[①]

师：三角形的内角和是多少呢？

生：180°.

师：其他同学有不同的想法吗？我们用什么办法才能知道三角形的内角和呢？

生：先量出三个角的度数，再加一加.

师：好，那么我们一起来量一量. 请每个小组量一个三角形，然后把量得角的度数相加，看看结果等于多少.（每组学生一个三角形，学生用量角器量出三个角的度数，并把度数直接用水彩笔写在三角形上，算出的度数和也写在三角形上，然后各小组组长把测量出结果的三角形贴到黑板上.）

---

① 本教学设计由江西省上饶市万年县第一小学汤武英提供.

师：（指着黑板上的三角形）我们发现有的三角形的三个内角相加后，正好是 180°，但有的是 179°，还有 181° 的．为什么有的不正好等于 180° 呢？

生 1：因为有时候量得不准．

生 2：量角器有误差．

【设计意图】对于测量过程中出现的 179°，181° 等并没有否定，而是引导学生通过分析明确：测量求和的时候，我们发现虽然这些答案都很接近 180°，但是由于测量人和测量工具的不同，在测量或计算时出现了误差，说明这种方法不能使人彻底信服，从而帮助学生辩证地认识科学，形成科学严谨的认知态度．

师：在测量的时候，由于测量的误差以及我们视力的限制，经常会出现一些小误差．那么，除了用量的方法，你还能用什么方法验证或说明三角形的内角和是 180° 呢？

（每组发一份操作材料，里面有各种形状的三角形，学生尝试操作，小组讨论交流，然后再全班交流．）

生：我用撕和拼的方法，先把三个内角撕下来，再拼在一起，拼成了一个平角（图 5.27），所以三个内角的和是 180°．

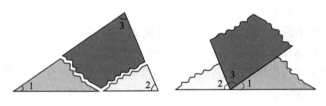

图 5.27

师：这位同学真厉害！他利用了什么知识来说明三角形的内角和是 180° 呢？

生：他用了平角是 180° 的知识．

师：这确实是一种很好的办法，大家用一个三角形试一试，看能不能拼成平角．还有其他方法吗？

生：老师，我是用折纸的方法．我拿一个三角形（边说边演示，如图 5.28 所示），把上面的角沿虚线横折，顶点落在底边上，再将剩下的两个角横折过来，使三个角正好拼在一起，这三个角组成了一个平角．接着，我还找了另外几个不同的三角形来折，都能拼成一个平角．所以，三角形内角和是 180°．

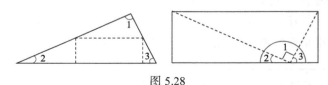

图 5.28

师：他还是利用了平角的知识，只是方法上略有区别．

生：利用长方形也可以说明（图 5.29），连接长方形的一条对角线，得到两个直角三角形，这两个直角三角形完全相同，并且两个直角三角形的六个角正好组成了长方形的四个内角．长方形的内角和是 360°，所以每个直角三角形的内角和为 360°÷2=180°．

图 5.29

师：这又是一种独特的方法，她利用了什么知识来说明的呢？

生：她利用了长方形的四个内角的和是 360°．

生：还有，因为长方形正好可以分为两个一样的直角三角形．（课件演示长方形推理法．）

师：看来当我们遇见一个新问题时可以联想一下以前学过的知识，这样新问题就会很快解决．这种转化法是学习数学的一种很重要的方法，希望同学们以后大胆应用．

小结：通过咱们刚才量一量、折一折、撕一撕等方法的验证可以得出一个什么样的共同结论？（全班小结：三角形的内角和是 180°．）

师板书：三角形的内角和是 180°．

【设计意图】利用"撕—拼""折—拼"等方法，把三角形的三个内角直观地转化成一个平角，利用平角知识得出三角形内角和是 180°的结论．最后又有学生从长方形四个内角的和是 360°引入，利用长方形与三角形的关系推导出了结论．在整个探索过程中，教师鼓励学生积极思考并大胆发言，以培养学生的创造性思维．

【赏析】

该片段在探索三角形内角和时，先通过学生的测量，在测量中发现存在误差，这时很难得出三角形内角和为 180°的结论．基于此，学生分小组通过动手拼一拼、折一折等活动，将三角形的三个内角拼成或折成一个平角，而平角的度数为 180°，这样学生通过自己的眼睛直观观察，经过不完全归纳，可以比较容易地得出正确的结论．像这样，通过直观操作把抽象的数学思维转化成直观形象的动作思维，学生能在生动、有趣的实践活动中探寻出其中蕴含的数学本质．直观背景和几何形象，为学生创造了一个主动思考的机会．学生能够从洞察和想象的内部源泉入手，通过自主探索、发现和再创造，经历数学发现的过程，提升几何直观素养．

【案例5-15】"分数乘分数"教学片段①

分数乘分数的计算方法（或说计算法则）对学生来说并不难．出示题目（图5.30），让学生提出问题并列式计算，学生完成后，让其中一个展示计算过程（图5.31），并说出自己的想法．

李伯伯家有一块$\frac{1}{2}$公顷的地．
种土豆的面积占这块地的$\frac{1}{4}$，
种玉米的面积占$\frac{3}{4}$．

图5.30

$$\frac{1}{2} \times \frac{1}{4} = \frac{1 \times 1}{2 \times 4} = \frac{1}{8}$$

$$\frac{1}{2} \times \frac{3}{4} = \frac{1 \times 3}{2 \times 4} = \frac{3}{8}$$

图5.31

师：能告诉大家你为什么这样算吗？

生：因为是用分子乘分子、分母乘分母．

师：为什么要用分子乘分子、分母乘分母呢？

生：……

师：你从哪里知道的？

生：书上看的．（显然，这孩子提前看过教材了．事实上，好奇的、有兴趣的孩子都会提前看，所以大部分孩子和她的计算方法是一样的．）

师：有谁能说清楚为什么这样算？

同学们你看看我，我看看你，没人能说清楚．

师：那有什么办法可以探究一下这种算法的道理？

生：画图．

师：好！我们就来画画看！老师给你一个长方形，表示1公顷的地，你能在上面表示$\frac{1}{2}$公顷的$\frac{1}{4}$吗？

① 本教学设计由江西省赣州市大余县东门小学曾庆林提供．

【设计意图】大部分学生在好奇心的驱使下自己也能看懂分数乘分数的算法，但对抽象的算理却难以理解，教学时要引导学生画图探究，化抽象为形象.

……

师：（展示学生的作品，如图 5.32 所示.）能看明白吗？

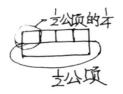

图 5.32

生：能看明白，哪里是 $\frac{1}{2}$ 公顷，哪里是 $\frac{1}{2}$ 公顷的 $\frac{1}{4}$，很清楚.

师：能不能改进一下，再简洁点，去掉文字说明，也能让人知道哪里表示 $\frac{1}{2}$ 公顷，哪里表示 $\frac{1}{2}$ 公顷的 $\frac{1}{4}$.

生：可以涂上阴影.

师：（展示学生的作品，如图 5.33 所示.）更简洁了吧？ $\frac{1}{2}$ 公顷的 $\frac{1}{4}$ 是多少公顷？

图 5.33

生：$\frac{1}{8}$ 公顷.

师：是 1 公顷的几分之几？

生：是 1 公顷的 $\frac{1}{8}$.

师：从图中能看到吗？

生：可以再改进一下，直接在白板上操作（图 5.34）.

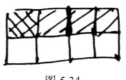

图 5.34

师：这样，你们找到了吗？

生：找到了，很清楚，把 1 公顷平均分成 8 份．

师：这个 8 份是怎么分得的？

生：先把 1 公顷平均分成 2 份，再把 $\frac{1}{2}$ 公顷平均分成 4 份，就相当于把 1 公顷平均分成了 8 份．

师：也就是 2×4 份，对吧？求 $\frac{1}{2}$ 公顷的 $\frac{1}{4}$ 是多少就相当于求 1 公顷的 $\frac{1}{8}$ 是多少，所以就是 $\frac{1}{2} \times \frac{1}{4} = 1 \times \frac{1}{2 \times 4} = \frac{1}{8}$（板书算式）．

【设计意图】 根据分数的意义，大部分学生都能在"1 公顷"的长方形内表示出 $\frac{1}{8}$ 公顷是多少，但他们常常会在图上用一些多余的符号和文字说明．在教学中，教师要引导他们逐步改进所画的图，帮助他们建立用简洁的直观图形表达思考过程的意识．通过"从图中能看到吗？"的追问，再次把图、问题、学生的思考融为一体，借助几何直观，把分数乘分数的算理变得简明、形象，易于理解．

师：$\frac{1}{2}$ 公顷的 $\frac{3}{4}$ 又是多少公顷呢？你是怎么表示的？

（学生独立完成．有了前面的理解基础，他们的思维异常活跃，有许多自己的想法．教师展示了 3 种不同的画法，如图 5.35 所示．）

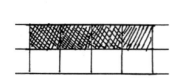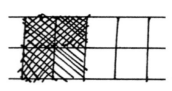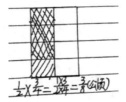

图 5.35

师：这几种表示方法有什么共同的特点？

生：都是先把一个长方形看作 1 公顷，平均分成 2 份，取其中的 1 份表示 $\frac{1}{2}$ 公顷；再把 $\frac{1}{2}$ 公顷平均分成 4 份，取其中的 3 份表示的是 $\frac{3}{8}$ 公顷．

师：是啊，不管怎么分，怎么画，都要根据分数的意义来想．那么，$\frac{1}{2}$ 公顷的 $\frac{3}{4}$ 是多少公顷呢，你能从图中找出来吗？

生：就是 1 公顷的 $\frac{3}{8}$，所以是 $\frac{3}{8}$ 公顷．

【设计意图】 当学生思维活跃起来了，各种精彩想法层出不穷，但是，在教学中，画图并不是最终目的．借助直观图形理解抽象的数学运算原理，并且养成遇到问题利用图形来帮助理解的几何直观素养才是我们更需要重视的教学目的．所以，教师要适时引导学生比较这些直观图的共同特点，抓住最本质的特征——分数的意义来理解"求 $\frac{1}{2}$ 公顷的 $\frac{3}{4}$ 是多少公顷就是求 1 公顷的 $\frac{3}{8}$ 是多少公顷"，进而充分理解分子乘分子、分母乘分母的算理．

【赏析】

几何直观可以帮助学生直观地理解数学．由于分数乘分数的算理比较抽象，教学中借助几何直观，可以把抽象的问题变得简明、形象，有助于学生理解．该案例的最可贵之处在于，教师不仅能引导学生自主画图表示"$\frac{1}{2}$ 公顷的 $\frac{1}{4}$ 是多少公顷"，而且能在引导学生改进所画图形、沟通图形和算式之间联系的过程中，帮助他们逐步建立用简洁的直观图形表达思考过程的意识，有效地提高了学生利用图形分析问题的能力，发展了学生的几何直观．

【案例 5-16】 "几分之几比大小"教学片段[①]

师：（出示图 5.36）同学们，请写出这个图中的两个分数，并比较它们的大小．这是上节课我们已经学过的，哪位同学来说说怎样做？

图 5.36

---

① 本教学设计由江西省赣州市石城县第一小学李九香提供．

生1: $\frac{1}{2}$ 大于 $\frac{1}{5}$，从图上就可以看出．因为 $\frac{1}{2}$ 表示把这个图形平均分成 2 份，取其中的 1 份，而 $\frac{1}{5}$ 表示把这个图形平均分成 5 份，取其中的 1 份，同样的图形，平均分成的份数越多，每一份就越少．

生2: 分子相同的分数，分母小的反而大，所以 $\frac{1}{2}$ 大于 $\frac{1}{5}$．

【设计意图】让学生通过观察直观图形写出分数，进一步复习了分数的意义．不但让学生再次从分数的意义上来理解分数的大小，更让学生复习了已经归纳的方法，即分子相同的分数，分母小的反而大，为后面学习几分之几比大小埋下了伏笔．

师: 那么 $\frac{2}{5}$ 与 $\frac{3}{5}$ 又该如何来比较它们的大小呢?

生1: $\frac{2}{5}$ 大于 $\frac{3}{5}$，大的反而小啊!

（其他有部分学生明显地表示不同意．）

师: （课件出示例6，即还未涂色的图 5.37．）请同学们还是先涂一涂吧!

图 5.37

生2: $\frac{2}{5}$ 应该小于 $\frac{3}{5}$．从图中可以看出，$\frac{2}{5}$ 是把这个长方形平均分成 5 份，取其中的 2 份，而 $\frac{3}{5}$ 表示把这个长方形平均分成 5 份，取其中的 3 份．平均分成的份数一样多，那每份的大小也一样，3 份比 2 份大，所以 $\frac{2}{5}$ 小于 $\frac{3}{5}$．

生3: 我发现这两个分数的分母相同，只要比分子，分子大的就大．

师: 正确，分母相同的分数，分子大的就比较大．因为分母相同就表示平均分成的份数一样，那每一份的大小就一样，份数越多，这个数就越大．请同学们再自己说一说可怎样比较 $\frac{2}{5}$ 和 $\frac{3}{5}$ 的大小．

师: （出示图 5.38）请同学们继续涂一涂，再比较这两个分数的大小．

生4: $\frac{6}{6}$ 大于 $\frac{5}{6}$，因为分母相同，分子大的就大．

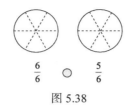

图 5.38

生 5：没错，都是把相同的圆平均分成 6 份，$\frac{6}{6}$ 就是其中的 6 份，$\frac{5}{6}$ 就是其中的 5 份，6 份当然是大于 5 份的．

师：这两组分数都是什么相同的分数？（分母）比较它们的大小时我们只要根据"分母相同的分数，分子大的就大"这个方法来比就行了，上节课学的是"分子相同的分数，分母小的反而大"．

【设计意图】通过前面的分子相同的分数比大小，迁移到分母相同的两个分数比大小，教师没有批评学生，而是让学生从分数表示的意义上讲清当分母相同的两个分数比大小时，为什么是分子大的就大，再通过对比、归纳得出分母相同的分数比大小，分子大的就大，没有让学生采用死记硬背的方法．

师：同学们，前面我们学会了比较分子相同的两个分数的大小，现在又学会了比较分母相同的两个分数的大小，那现在大家会比较 $\frac{1}{2}$ 与 $\frac{3}{5}$ 的大小吗？

生 1：这两个分数分子又不同，分母又不同，怎么比较？我比不出来．

师：可仔细想想有什么办法吗？刚才比大小的时候我们采用了什么办法？

生 2：有了，可以画图出来比一比．（只见大部分同学一听都开始画了起来．）

生 3：我画出来了，$\frac{1}{2}$ 好像比 $\frac{3}{5}$ 少一点点．

生 4：老师，我画得好像不明显，都差不多大．

师：让我看下你画的．哦！原来是你画得不太精确．

生 5：老师，我不画都知道谁更大．

师：那你说说看．

生 5：$\frac{1}{2}$ 比 $\frac{3}{5}$ 小，因为 $\frac{1}{2}$ 正好是一半，而 $\frac{3}{5}$ 是 5 份中的 3 份，应该比一半多，所以 $\frac{1}{2}$ 比 $\frac{3}{5}$ 小．

师：真是个善于推理的孩子，说得真好！他是以一半为标准，$\frac{1}{2}$ 正好一半，$\frac{3}{5}$

超过一半，所以大小就比出来了．同学们再试下，$\frac{1}{2}$ 与 $\frac{3}{8}$ 比，谁更大呢？

生 6：知道了，$\frac{3}{8}$ 不到一半，所以 $\frac{1}{2}$ 大于 $\frac{3}{8}$．

师：现在还有一道难题，看谁能解答，小军和小明各喝一瓶同样的饮料，小军喝了这瓶饮料的 $\frac{4}{5}$，小明喝了这瓶饮料的 $\frac{5}{6}$，谁喝得多？

生 1：这两个都比一半多，又该怎样来比较呢？

生 2：还是画画图吧！

生 3：如果不画标准也是看不太出来．

生 4：老师，我知道了，小军和小明都只剩 1 份了，可小军剩的这一份更多，所以小军喝去得少，也就是 $\frac{4}{5}$ 小于 $\frac{5}{6}$．

师：太棒了，这里他选择比较剩下的，因为同样多的饮料，喝去得多那剩下的就自然是少了．

【设计意图】本环节的两个例子是通过分数的意义灵活地来比较分数的大小．第一个是采用与一半比较，大于一半、等于一半、小于一半，通过对分数意义的正确理解，凭着对分数的感觉，就能够比出大小．因为这是有关比较大小的问题，不用精确到到底多了多少，所以可采用估计．后面一个例子是同样多的饮料，因此，通过比较剩下部分的多少就可推出喝去部分的多少．通过这两个例题的分析，学生的数感得到发展，推理意识也得到了有效的培养．

【赏析】

　　该教学片段是一个培养学生多个数学核心素养的案例．由于小学生易受思维定式的影响，很容易把分子相同的分数比大小的方法用到分母相同的分数来比大小上．据笔者的经验，有不少的学生会直接套用．这是因为很多学生没有真正理解，方法又记得不牢，一字之差也确实容易混淆，所以导致其解决分子相同或分母相同的分数比大小的问题时往往出错．为了防患于未然，在教学时就应牢牢抓住分数的意义，以画一画、涂一涂等直观手段，先复习分子相同的分数比大小的方法，再探究分母相同的分数比大小的方法，最后到特殊的分子、分母都不相同的分数比大小这样一条主线，注重这几种情况的对比，这培养了学生的对比分析能力、推理意识．虽然对学生的要求高了一些，但对消除学生死记硬背、机械套用的不良习惯确实能起到事半功倍的效果．该教学片段还能有效地培养学生的数感．学生的数感不是天生就有的，数感都是建立在对数的意义的深刻理解之上的．只有真正地理解了数的意义，加上潜移默化、润物无声地适时指导，学生的数感才能得到培养．当真正理解了分数的意义之后，学生不必死记硬背，凭着对分数意义的理解，就知道是比一半多，还是比一半少，或离整体"1"还有多大的距离等，灵活运用多种方法来比较分数的大小，就是数感得到发展的表现．

【案例 5-17】"分数乘分数"教学片段①

出示例题：$\dfrac{3}{4} \times \dfrac{1}{4} = ?$

1. 说一说

师：这道算式表示什么意思？

生：表示 $\dfrac{3}{4}$ 的 $\dfrac{1}{4}$ 是多少．

2. 猜一猜

师：猜一猜，积会是多少呢？

生：$\dfrac{3}{4} \times \dfrac{1}{4} = \dfrac{3}{16}$．

师：你是怎么算的？

生：分母相乘，分子相乘．

师：老师用式子来表示是这样吗？板书：$\dfrac{3}{4} \times \dfrac{1}{4} = \dfrac{3 \times 1}{4 \times 4} = \dfrac{3}{16}$．

师：这样计算到底对不对呢？我们一起用折纸的方法来验证一下吧！

【设计意图】理解分数乘法的意义是直观操作、探究算理算法的前提；提出计算猜想，激活学生的思考，激发学生折纸的探究兴趣．

3. 折一折

1）折 $\dfrac{3}{4}$

师：同学们拿出课前准备的长方形纸片，请同学们折出这张纸的 $\dfrac{3}{4}$（图 5.39）．

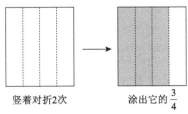

竖着对折2次　　涂出它的 $\dfrac{3}{4}$

图 5.39

---

① 本教学设计由江西省赣州师范高等专科学校附属小学刘才军提供．

2）折 $\frac{3}{4}$ 的 $\frac{1}{4}$

师：想一想：要表示出这张纸片的 $\frac{3}{4}$ 的 $\frac{1}{4}$，该怎么折呢？

生：就是把 $\frac{3}{4}$ 平均分成4份，每一份表示 $\frac{3}{4}$ 的1份.

师：那大家动手折一折吧！看谁能准确清楚地表示出 $\frac{3}{4}$ 的 $\frac{1}{4}$.（学生动手操作，自主尝试.）

师：都折好了吗？谁来展示一下？

生：我是上下对折2次，把 $\frac{3}{4}$ 平均分成了4份，再涂出其中的1份，这1份就是 $\frac{3}{4}$ 的 $\frac{1}{4}$（图5.40）.

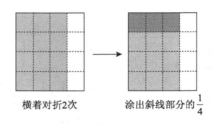

横着对折2次　　涂出斜线部分的 $\frac{1}{4}$

图 5.40

师：如图5.36所示，老师把你们折的纸片展开贴在黑板上.

【设计意图】 通过直观操作、几何直观呈现，把分数乘法的计算过程直观化，帮助学生理解算理，为后面小结算法做好铺垫.

4. 议一议

师：观察长方形纸片，咱们算的答案正确吗？你能结合图纸来说一说，为什么分母相乘会是积的分母，分子相乘会是积的分子吗？请大家先看一看，想一想，然后四人一小组说一说.

生：把长方形左右对折先平均分成了4份，取其中的3份，表示出它的 $\frac{3}{4}$. 再上下对折平均分成4份，就是把长方形纸片平均分成了16份，就是 $4\times4=16$；第二次折平均分成4份后，每份就是 $\frac{3}{16}$，这里表示其中的1份，也就是 $\frac{3}{16}\times1=\frac{3}{16}$.

课件演示：为了让大家看得更清楚，老师请电脑小博士来帮助演示一下（数形结合同步演示）.

【设计意图】借助数形结合，理解分母相乘和分子相乘的意义，帮助学生理解算理，让学生不仅知道怎么算，还知道为什么这样算，从而提升学生的运算能力，培养学生的几何直观和推理意识.

【赏析】

利用图形描述和问题分析，把复杂的数学问题变得简明、形象是几何直观的特点. 分数乘分数的计算方法很简单，但要理解其中的算理就比较困难. 而理解算理又是培养学生运算能力的基本要求，为此该案例通过折纸操作，把复杂抽象的算理通过长方形纸直观呈现，让学生理解分母相乘的积就是把长方形纸平均分的份数，分子相乘就是取的份数，最后通过数形结合，帮助学生较好地理解了分数乘法的算理. 这一过程让学生充分体会到几何直观的作用和价值，使学生积累了用折纸来探究分数乘法的操作经验，培养了学生的几何直观能力，同时培养了学生的运算能力和逻辑推理意识.

5.5　数学运算素养教学片段

5.5.1　数感

数感，顾名思义就是对数与数之间关系的一种感悟，即对数的一种深入理解，然后内化成一种对数的驾驭能力. 教师应结合学生身心特征，联系生活实际，开展适合各学段学生的有关数的数学活动，让学生在活动中积累对数的认识经验，在相互交流中收获对数的不同感悟，从而提升数感. 下面将以"亿以内数的认识""估算""用字母表示数""认识小数的意义""简便运算"为例来阐述在教学中如何培养学生数感.

【案例 5-18】"亿以内数的认识"教学片段[①]

出示数学信息的图片：2010 年全国第六次人口普查的数据显示，北京市人口有 19 612 368 人.

1. 说一说

师：这是北京市人口数量，你能应用数位、数级、计数单位的知识来说一说这个数的意义吗？

---

① 本教学设计由江西省赣州市文清路小学徐奕提供.

生1：这是一个八位数，最高位是千万位.

生2：这个数含有两个数级.

生3：这个数的万级是 1961 个万.

......

师：同学们借助这个数，说出了许多与数级、数位、计数单位有关的信息. 其实，每个数里面都有这样的数的信息，你能任意地说一个七位数，让你的同桌说一说其中的数的信息吗？

学生同桌之间互相说一说.

【设计意图】结合具体的数巩固数位、数级、计数单位，为学生理解位值做好铺垫.

2. 拨一拨

师：请大家在计数器上将这个数拨出来，边拨计数器边说每个数字表示的意义.

师：这个数中有两个 6，这两个 6 分别表示什么？

生：左边的 6 表示 6 个十万，右边的 6 表示 6 个十.

师：都是 6，为什么表示的意义却不同？

生1：因为这两个 6 分别在不同的位置上.

生2：不同的位置，它表示的意义就不相同.

生3：不同的位置，计数单位不相同，当然表示的意义也就不相同了.

3. 摆一摆

出示数字卡片"5".

师：这个数字卡片"5"可以摆在哪一位上？表达的意义一样吗？

师：同桌的两位同学，在数位顺序表上，一个人摆放另一个人来说明意义，或者一个说明意义另一个根据意义进行摆放.

【设计意图】借助计数器拨珠和数位顺序，让学生理解计数单位所占的数位，理解每个数位所表示的意义，在拨与摆的过程中培养学生的数感.

4. 写一写

请同学们将"5"在万级所形成的数写出来，再分别说一说各个数是几位数，最高位是哪一位.

【设计意图】"写"是对数的认识的深化，让学生将摆的数和拨的数写出，在写一个数字的过程中，尤其是在书写数字"5"后面"0"的过程中，能深刻地理解和体会位值.

【赏析 】

　　该教学片段通过四个层层深入的教学环节，让学生在活动中理解概念，在活动中培养数感. 数感的培养建立在对概念理解的基础之上. "位值"的概念在小学阶段没有明确的定义，学生对这一概念的理解主要体现在应用方面，也就是知道每个数字在不同的数位上表示不同的意义，并能根据数的意义知道该数所在的数位. 因此，教学的第一环节就是结合具体的数，让学生巩固有关数位、数级、计数单位的意义，这是理解位值的基础；再通过计数器上的拨数和数位顺序表上的摆数、写数，让学生充分理解位值的概念.

　　数感的培养需要以丰富的数学活动为载体，创设数学活动，在活动中理解数、感悟数. 在该片段中，执教者充分调动了学生的感官进行学习，将思考与表达、活动与表达相结合，让学生在拨珠的过程中认识大数、感受大数，充分培养了学生对数的感觉.

【案例 5-19 】 "估算" 教学片段[①]

　　多媒体课堂出示人教版小学数学三年级上册课本第 15 页主题图，如图 5.41 所示.

图 5.41

　　1. 阅读与理解

　　师：看大屏幕，仔细观察，同学们你找到了哪些数学信息？

　　生 1：科技馆的影院有 445 个座位.

　　生 2：一到三年级来了 223 人，四到六年级来了 234 人.

　　师：同学们，该题的问题是什么呢？

　　生 3：六个年级的学生同时看电影坐得下吗？

---

　　① 本教学设计由江西省宜春市万载县康乐街道中心小学熊艳提供.

师：要解决"六个年级的学生同时看电影坐得下吗？"这一问题，需要利用哪些信息？大家先独立思考，在课堂练习本上想办法解决，再和同桌同学进行交流汇报.

【设计意图】在"阅读与理解"环节，创设了一到六年级学生去上海科技馆看电影的情境，提出六个年级的学生同时看电影能不能坐下的实际问题. 这样的问题在生活中随处可见，体现了估算教学的价值. 解决这类问题时，就需要选择适当的估算策略.

2. 分析与解答

全班交流：

生 1：我们组用的是笔算的方法，先算出一到六年级一共有多少人，223+234=457（人），然后总人数和科技馆的影院座位进行比较，457＞445，所以科技馆的影院坐不下.

生 2：我们组采用的是估算的方法，223≈200，234≈200，200+200＝400（人），一到六年级大约是 400 人，因为 445＞400，所以科技馆的影院坐得下.

生 3：我们组也是用的估算的方法，但我们是这样估的，即把 223 和 234 分别看成 220 和 230，220+230＝450（人），223+234 的和一定大于 450，450＞445，所以科技馆的影院坐不下.

师：同学们，刚才大家说了三种方法，你们对这三种方法进行比较，一起来评论一下吧！

生 1：第一种方法好，算出准确得数能得到准确的答案.

生 2：第三种方法好，采用的是估算，把 223 和 234 都估成几百几十的数，算起来更简便，结果更接近正确得数.

生 3：第二种方法也是估算，但 223≈200，234≈200，估小了，200+200=400（人），223+234 一定大于 400，但是还是不知道和 445 的大小，误差较大，不能解决这个问题.

师：刚才同学们说到了算出准确结果和采用估算两种方法. 对于解决"六个年级的学生同时看电影坐得下吗？"这个问题采用哪种方法更合适？为什么？

生：估算更好. 因为题目只问是否坐得下，我们只要比较人数和座位数之间的大小关系就可以了，所以用估算更好.

【设计意图】在"分析与解答"环节，鼓励学生经历探究"估算"的方法，构建新知识，能够结合具体情境选择恰当的方法进行简单的估算，培养学生独立思考、独立判断、主动探究的精神和与同伴积极合作的意识.

3. 回顾与反思

你的估算合理吗?

师: 为什么同是估算, 第二种方法坐得下, 而第三种方法坐不下?

生: 第二种方法把 223 和 234 看成和它接近的整百数进行估算, 223≈200, 234≈200, 估小了, 误差较大. 而第三种方法把 223 和 234 看成和它接近的几百几十进行估算, 223≈220, 234≈230, 误差较小.

师: 这道题两种方法都是估小了, 但第二种方法估成整百数, 误差较大, 不能解决这个问题. 而第三种方法估成的是几百几十的数, 误差较小, 所以科技馆的影院坐不下(板书如图 5.42 所示).

$$\begin{array}{l} \text{因为: } 223 + 234 = (\quad) \\ \qquad\quad \vee \qquad\ \vee \\ \quad 220 + 230 = 450 > 445 \\ \quad 223 + 234 > 450 > 445 \\ \text{所以坐不下.} \end{array}$$

图 5.42

师: 这道题的问题是: "科技馆的影院坐得下吗?" 当不需要计算出精确结果时, 可以只计算一个近似的结果, 这就是"估算"(板书课题: 估算).

师: 孩子们, 刚才这道题用的是估小的方法, 你有什么好的想法?

生: 因为科技馆的影院有 445 个座位, 223 和 234 都往小的估, 座位都不够, 那么实际上就更不够.

【设计意图】在"回顾与反思"环节, 引导学生反思自己的估算方法, 使其理解用估算解决实际问题时, 有时需要对估算方法进行调整. 同时, 根据板书设计帮助学生理解如何选择估大或估小的策略解决问题.

4. **拓展与应用**

多媒体课件出示: 如果两个旅行团分别有 196 名和 226 名团员, 这两个旅行团同时去这家影院看电影, 坐得下吗?

师: 孩子们先独立思考, 然后和你的伙伴交流讨论.

全班交流:

生 1: 我们组是这样解答的, 196≈200, 226≈230, 估大了, 200+230=430(名), 430＜445, 所以坐得下.

生 2: 196≈200, 226≈230, 估大了, 两个旅行团都坐得下, 那么实际人数就更坐得下.

教师板书如图 5.43 所示.

因为：$196 + 226 = (\quad)$
$\qquad\quad\wedge\qquad\wedge$
$200 + 230 = 430 < 445$
$196 + 226 < 430 < 445$
所以坐得下.

图 5.43

【设计意图】在"拓展与应用"环节，进一步提出问题："如果两个旅行团分别有 196 名和 226 名团员，这两个旅行团同时看科技馆的电影坐得下吗？"让学生应用往大估的策略找到中间数，通过板书，根据不等式的性质解决问题，建构估算思想，认识到估算不是对精算结果的四舍五入，而是解决问题的重要策略．

【赏析】

数感是《义务教育数学课程标准（2022 年版）》提出的核心概念之一，是学生应具备的数学核心素养．该"估算"教学片段，层层递进，一开始给出了往小估的策略得出中间数，并不断调整估算方法，把两个数据分别估计成与它们接近的几百几十的数，相加得出中间数 450，用 450 和座位数 445 进行比较，得出 450>445，那么总人数也一定大于座位数，因此坐不下．对于旅行团的情境，老师让学生自己独立解决、小组交流，采用估大的策略找到中间数 430，得出 430<445，那么总人数也一定小于座位数，因此坐得下．同时，通过板书设计帮助学生理解如何根据不等式的性质，选择估大或估小的策略来解决问题．通过这样的安排，让学生体会需要根据数据的情况选择合适的近似数，才能解决问题．通过这节课，学生认识到估算不是对精算结果的四舍五入，而是解决问题的重要策略，理解了用估算解决问题时，需要选择合适的估大或估小的方法．

【案例 5-20】"用字母表示数"教学片段①

片段一：激发需求，引出"字母"

师：（拿一张白纸）这是什么？看到这张纸，你会想到哪个数字？

生：1

师：对折后，看到这半张纸，你又会想到哪个数字？

生：$\frac{1}{2}$，0.5．

师：对，半张纸，用整数不能表示了，这时我们就想到了分数或小数．

---

① 本教学设计由江西省上饶市广丰区永丰小学周颖提供．

师：好，请看！（课件出示：一个鱼缸里有 4 条鱼）鱼缸里有几条鱼？用哪个数表示？为什么？（课件出示：鱼塘）鱼塘里有多少条鱼呢？

（学生可能会猜：50 条、100 条．）

师：可以用哪个数表示？你觉得这里可以用"50"这个数来表示吗？为什么？

生：鱼塘里有几条鱼，我们不能确定．

师：既然不确定，我们就无法用以前学过的整数、小数或者分数来表示？你能不能自己创造，想想可以用什么表示这个数呢？请同学们想一想、写一写．

（学生可能用符号或字母来表示．）

老师巡视，反馈．（板书"△，○，？，a，b，x，n"，对比．）

师：看，同学们想到了用符号（△，○，？）和字母（a，b，x，n）来表示这个数．真不错！那么我们在使用时，你觉得用哪种表示数更简洁，运用更广泛呢？

生：字母表示方便、快速．

师：对，在应用时，用字母表示数显得更方便和快速．

师：今天，我们就来学习"用字母表示数"（板书课题：用字母表示数）．现在，我们来看一看池塘里有几条鱼．

呈现课件：

（1）头上有（　　　）根头发．

（2）树上有（　　　）个枣．

（3）一套衣服的价格是（　　　）元．

师：同学们，你瞧！多了不起呀！这些数都可以用字母来表示．

【赏析】

学生在以前的学习中大量接触到的是有关具体的数的认识和运算，对用字母表示数有一些生活经验和初步的接触，但对用字母表示数的意义并不理解．教学中需要结合学生感兴趣的熟悉的材料，让学生在具体情境中初步体会字母表示数的意义，促使学生建立用字母表示数的模型，培养学生的符号感．

片段二：探究体验，理解"字母"

师：接下来我们探究一下，在具体的情境中用字母可以表示哪些数呢？（点击课件出示题．）

师：（学生汇报后．）这里的每个字母都代表了_____？

师：在数学中，我们经常像这样用字母表示一个数．

师：我们还可以用字母表示什么呢？同学们想一想，我们在四年级下册已经学过一些运算定律，有哪些呢？

师： 我们从这五个运算定律里挑一个最难的来说说，你要挑哪个？

生： 乘法分配律．

师： 你们刚才在说的时候，有什么感觉？

生： 用文字表达太难说了，用字母表示简洁、容易说，用数字表示也很简洁．

师： 如果我们来比赛写"乘法分配律"，三种方式供你选择，一个用文字表示，一个用数字表示，一个用字母表示，你会选哪个？（学生可能会选字母、数字）为什么？

师： 通过刚才的说和写，我们知道用文字表示比较麻烦，既难说又难写，还是用字母或数字表示更简明．

师： 既然这样，我们用数字来表示就可以了，为什么还要用字母表示呢？

生： 数字只代表一个，字母把所有的都概括进来了．

师： 这里 a，b，c 可以是哪些数呢？

生： 任意数．

师： 看来，用字母表示运算定律，不仅简明易记，还能把所有的都概括进来．

师： 同学们，你们看，这个"×"和26个字母中的哪个字母非常像？

生： x．

师： 为了不和 x 混淆，也为了书写得简洁与方便，所以字母中间的乘号可以记作"·"，也可以省略不写．

师： 数字之间的乘号能不能省略？像 3×8？数字和字母之间的乘号呢？

生： 数字之间的乘号不能省略，数字和字母之间的乘号可以省略．

师： （出示五个运算定律）请你把它填完整．

师： 你看，这些运算定律用字母表示简单明了．

师： 为了书写方便，人们常用字母表示计量单位．

【赏析】

通过具体情境中的探究体验，让学生经历从简单走向复杂，使其感知字母可以表示任何数．从字母表示数发展到字母表示数量关系，让学生自主探究并得出结论，使其建立初步的数感和符号意识，培养学生的代数思想，发展抽象思维．

【案例 5-21】 "认识小数的意义"教学片段①

一、初步理解小数中各个数字的意义

游戏——抓硬币

请两位同学上来，一位同学任意摸出几个硬币，另一位同学用小数表示

---

① 本教学设计由江西省上饶市鄱阳县进修学校附属小学黄莲花提供．

摸到的钱数．

预设：摸出 3 元 2 角用小数表示是 3.2 元．

问题 1：3 表示什么，2 表示什么？中间的点叫什么？

问题 2：（老师摸出 1 元 1 角）谁能用小数表示？

追问：这两个"1"表示的钱数一样吗？

【设计意图】通过游戏的引入激发学生的学习兴趣，借助学生熟悉的"人民币"中常见的量，使学生知道以"小数点"为界，小数点左边的数是"整数"，小数点右边每一位置上的数字都表示比下一个"单位"更大的量．结合具体情境，使学生初步知道小数中每一个数字的具体意义，感悟小数右边的数字的现实意义．

小组交流：怎样读小数？先读什么？再读什么？

结论：小数的读法、写法，以小数点为界，小数点的左边表示整数部分，应按照整数的方法读，小数点的右边表示小数部分，有几就读几，小数的写法先写整数部分，再写小数点，最后写小数部分．

二、深刻认识小数的含义

出示 1 支铅笔，告知它的长度是 0.1 米，请同学们在米尺上找出 0.1 米．

问题 3：0.1 米还可以表示多少？它是 1 米的多少？用米作单位还可以怎么表示？

生：0.1 米还可以表示 1 分米、10 厘米；它是 1 米的 $\frac{1}{10}$，还可以表示 $\frac{1}{10}$ 米．

教师小结： 把 1 米平均分成 10 份，每份是 1 分米，是 1 米的 $\frac{1}{10}$，也就是 $\frac{1}{10}$ 米，还可以写成 0.1 米．

【设计意图】选用米尺作为直观教具，以长度单位为例，说明小数实质上是十进分数的另一种表示形式，把低级长度单位的数改写成用米作单位的数，可以用分母 10,100,1000 的分数表示，这样的分数可以用小数表示．

问题 4：3 分米是（　　　）米　　　　7 分米是（　　　）米

【设计意图】理解 0.1 米与 1 分米、$\frac{1}{10}$ 米与 1 分米之间的关系．

问题 5：王东的身高是 1 米 3 分米，用米怎样表示？

生：1.3 米．

问题 6：前面 3.2 元中的 2 还可以表示多少？

生：2 角、0.2 元、$\frac{2}{10}$ 元．

【设计意图】在借助"米尺"理解一位小数的现实意义之后，再次回到了人民币，通过类比迁移回答 3.2 元的 2 还可以表示哪些含义，又通过"人民币"再次强化一位小数与十进分数之间的关系．

【赏析】

小数的初步认识是小学数学概念中较抽象、难理解的内容．学生虽然对分数已经有了初步的认识，也学过长度单位、货币单位之间的进率，但理解小数的意义还是有一定的困难的，而且学生在以后的学习中，小数方面出现的很多问题都是属于对小数的概念不清．因此，理解小数的含义既是该节课的重点，也是该节课的难点．根据该课教学内容的特点和学生的思维特点，选择以直观演示法为主，以谈话启发法、尝试法、引导发现法、生生和师生互动法、讲练结合法等方法为辅的优化组合,充分发挥教师的点拨作用，调动学生的能动性，引导他们去发现问题、分析问题、解决问题、获取知识，从而达到训练思维、培养能力的目的．

"以教材定教法，以教法定学法"的策略告诉我们，教法和学法是和谐统一、互相联系、不可分割的．为了更好地突出学生的主体地位，在整个教学片段中通过多种形式，充分调动学生的各种感官参与学习，诱发他们内在的潜力，使他们不仅学会，而且会学．

【案例 5-22】 "简便运算"教学片段[①]

出示：果园大丰收，果农们共采摘 48 箱苹果，每箱 25 个，一共多少个苹果？

【设计意图】把计算放在一个具体的情境里，由于小学阶段的孩子思维不是完全抽象式的，必须借助于具象的事物或场景．创设思维可依托的具体问题情境，就可以思考，有了思考，学生才会有各种创造性的可能．

生列式：48×25．

师：如果不允许笔算，你会怎么口算出它的得数？

生 1：先算 40 箱的苹果数 1000 个，再加上 8 箱的苹果数 200 个，共 1200 个．

生 2：先算 50 箱的苹果数 1250 个，再减去 2 箱的苹果数 50 个，最后得出 1200 个．

生 3：把 4 箱放一堆，因为 4 箱就是 100 个，48 里面有 12 个 4 箱，那就是 12 个 100，也就是 1200 个．

生 4：把 8 箱放一堆，8 箱就是 200 个，一共有 6 堆，就是 1200 个．

---

① 本教学设计由江西鹰潭余江第三小学侯才福提供．

【设计意图】把笔算撇开，刻意推迟进行这种标准化计算程序的训练，为的就是引导学生观察数与数之间的联系，再依托具体的情境，思考各种解决问题的方法，培养学生的数感．

师：对于刚刚这些方法，你能把它们都整理成相应的式子吗？

生1：$48 \times 25 = 40 \times 25 + 8 \times 25 = 1200$（个）．

生2：$48 \times 25 = 50 \times 25 - 2 \times 25 = 1200$（个）．

生3：$48 \times 25 = 4 \times 25 \times 12 = 1200$（个）．

生4：$48 \times 25 = 8 \times 25 \times 6 = 1200$（个）．

【设计意图】通过师生总结，并标记48的变化情况，进一步观察分析，让学生再一次清晰地看出数与数之间的联系，培养学生的数感．

师：通过刚才的学习，我们可以发现，巧算能让计算更快、更准确．那还有什么样的计算也可以巧算呢？和你的同桌一起想一想、说一说吧！

生1：$88 \times 125 = 80 \times 125 + 8 \times 125 = 11\,000$ 或者 $= 8 \times 125 \times 11 = 11\,000$．

生2：$32 \times 125 \times 25 = (4 \times 25) \times (8 \times 125) = 100\,000$．

生3：$29 \times 16 = 30 \times 16 - 16 = 480 - 16 = 464$．

生4：$101 \times 25 = 100 \times 25 + 25 = 2525$．

生5：$18 \times 99 + 18 = 18 \times 100 = 1800$．

生6：$1500 \div 25 \div 4 = 1500 \div 100 = 15$．

生7：$700 \div 25 = (700 \times 4) \div (25 \times 4) = 28$．

生8：$4871 - 998 = 4871 - 1000 + 2 = 3873$．

生9：$999 + 99 + 9 = 1000 + 100 + 10 - 3 = 1107$．

【设计意图】通过学生自己出题或相互出题的形式，进行多样化练习．学生在出题和解题的过程中既巩固了运算定律，又思考了数与数之间的联系．这样增强了学生对数的敏感性，以达到计算的灵活性与准确性．

【赏析】

这一教学案例是培养学生数感的教学尝试．我们把孩子们具有的对数字之间关联的意识以及灵活地解决数字问题的能力称为对数字的"感觉"或"数感"．在该节课中，教师创设计算情境，刻意推迟笔算，花更多的时间让学生观察数与数之间的联系，于是就出现了各种各样的解决问题的方法．这对发展学生的数感有很大的帮助．数感的培养，不仅有助于学生计算能力的提升，还能提高学生的理解能力，使学生养成主动思考的习惯．

最后一个环节，让学生自己思考怎样的计算能巧算．这一环节的设计具有开放性，学生在出题的时候必然要思考数与数之间的联系，这对培养学生的数感有积极的推进作用．实践证明，相比书面的练习，孩子们更喜欢在他们主动思考的活动中展开学习．在这种学习过程中，学生不仅可以体会到由自己的思考和创造得到认可而带来的快乐，还可以通过比较自己和他人使用的不同策略而作出相应的调整．

5.5.2　运算能力

运算能力是数学三大基本能力之一，指运用有关运算的知识进行运算、推理求得运算结果的能力．运算能力的形成是以运算技能为基础的，运算技能的形成是以训练为基础的，因此在教学中，教师应注意安排合理数量和适当难度的练习．另外，教师还应注意让学生在明白算理的基础上掌握计算方法并比较总结不同计算方法的优劣，以便让学生学会根据不同的问题背景，选择不同的计算方法，从而发展学生的运算能力．下面将以"一位数除两位数商是两位数的笔算除法"为例来阐述在教学中如何培养学生运算能力．

【案例 5-23】"一位数除两位数商是两位数的笔算除法"教学片段[①]

师：同学们，我们来玩摘苹果的小游戏吧，看谁摘得最快！

课件出示苹果树图和算式：

$$600 \div 3 = \qquad 24 \div 8 =$$
$$210 \div 7 = \qquad 150 \div 3 =$$

全体学生：$600 \div 3 = 200$　　　$24 \div 8 = 3$　　　$210 \div 7 = 30$　　　$150 \div 3 = 50$

师：谁能说说 $600 \div 3 = 200$ 是怎样算来的？

生 1：$600 \div 3$ 等于 200，因为 6 个百平均分成 3 份，每份是 2 个百，就是 200．

师：$150 \div 3$ 又是怎么算出来的呢？

生 2：15 个十除以 3 等于 5 个十，也就是 50．

【设计意图】通过回忆除法口算的方法及其算理，复习了旧知识，也为新知识的学习做好了准备，同时采用学生感兴趣的方式，让计算教学不再那样枯燥．

师：同学们，现在正是万物复苏、春暖花开的季节，这是一个植树的好季节（课件出示春天图）．图中告诉了我们哪些信息？根据这些信息可以提出什么数学问题？该怎样列式？（根据学生的回答，教师选择下面 2 个问题板演．）

生 1：三年级平均每班植树多少棵？列式为"$42 \div 2 =$"．

---

① 本教学设计由江西省赣州市石城县第一小学李九香提供．

生 2：四年级平均每班植树多少棵？列式为"52÷2＝".

师：42÷2 等于多少？

生：42÷2＝21.

师：你是怎样算出来的呢？

生 1：我是用前面学的口算的方法来算的，用 40÷2＝20，再用 2÷2＝1，最后 20＋1＝21.

生 2：我是采用分小棒的方法，42÷2 就是把 42 根小棒平均分成 2 份，每份得 21，所以商是 21.

师：同学们会口算了，还知道借用小棒来分一分，那么怎样用竖式计算呢？（揭示课题板书：一位数除两位数笔算.）

【设计意图】从学生熟悉的、感兴趣的植树情境引出新课，感受数学来源于生活，数学与生活有着密切的联系，数学问题产生于生活中. 从真实的情境出发，让学生倍感亲切，同时先让学生采用自己的方法去算，采用不同的方法来得到答案，体现了算法的多样性，也体现了解决问题策略的多样性. 通过这个方法，为后面的笔算做好了准备，其实笔算就是把口算过程用最简单的形式表达出来而已.

师：用竖式计算，你们会吗？请大家试试看.（学生独立计算后，教师选取两种写到黑板上，如图 5.44 所示.）

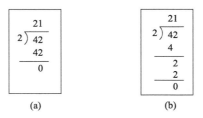

图 5.44

师：比较一下，你喜欢哪一种算法？说说理由.（学生发表意见，多数会喜欢第一种算法，简单、竖式短；很少有学生喜欢第二种.）

师：其实第二种方法有自己的优势，它能让大家清楚地看出计算过程. 下面我们根据小棒图来说一说竖式的书写过程.

师：（结合图 5.45 讲解）把 42 根小棒平均分成 2 份. 第一次是先把 4 小捆也就是 4 个十平均分成 2 份，每份可分到 2 个十，商的十位上写 2，表示分到 2 个十，4 个十正好分完. 接下来第二次是来分 2 个 1，每组 1 个 1，正好分完，最后没有剩余，所以余数是 0. 采用第二种方法书写可把这个过程清楚地表达出来，请同学们再正确地写一写这个过程.

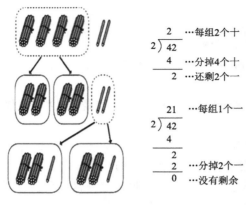

图 5.45

【设计意图】 在设计时本着"教为主导,学为主体"的原则,操作形成表象,动脑想算理,动口说算法,及时规范竖式的写法、总结算法,不但要让学生知道怎样来算,更要让学生知道为什么是这样算,也就是既要知道算法,更要让学生知道算理.只有这样,学生的运算能力才能得到提高.

师: 下面我们来解决四年级平均每班植树多少棵,也就是算出"$52 \div 2 = ?$",请你们试一试吧!有困难的可以用小棒摆一摆,再跟同学讨论讨论.

师:(给学生充分的思考时间后)谁能说一说这道题与刚才的题计算起来有什么不同?

生: 分几个十的时候有剩余.

师: 那几个十有剩余时该怎么办呢?

生: 拆开来继续分.

师: 没错,其实这种情况下我们就更能体会到这样书写(指着上面的第二种方法)的合理性.下面我们一起对照大屏幕(图 5.46)来看看你的 $52 \div 2$ 的笔算是否正确.

师: 5 个十、2 个一平均分成 2 份,先把 5 个十平均分成 2 份,每份得到 2 个十,分掉了 4 个十,还剩 1 个十.你看在这竖式中把这些信息都表达出来了.第二次分是把剩下的 1 个十拆开,和 2 个一合在一起,共 12 个一来平均分成 2 份,每份得到 6 个一,最后全部分完了.你们看,我们说起来这么长的过程,其实就可用除法竖式来简单地表达出来.

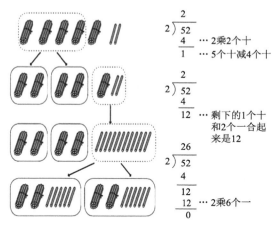

图 5.46

【设计意图】前一个例题中，学生基本学会了除法竖式的书写过程，可是还有很多同学会认为第一种方法书写更简便，第二种方法简直是多此一举，所以特地把两个例题放在一节课中来上．通过对比，让学生明白除法笔算到底怎么算，为什么可以这样算，这样写的好处又是什么，在明白算理的同时，更体会除法竖式的简洁美．

【赏析】

这个案例是培养学生的计算能力的典型案例．要培养学生的计算能力，首先要让学生学会计算方法，而计算方法只有在明白算理的基础上才能真正学会．为了避免计算教学的枯燥，还可采用各种能提高学生学习兴趣的方法，让学生在生动的情境中学会方法，明白算理．一位数除两位数是在学生学习了"除数是一位数"的除法口算的基础上来教学的．教师通过创设具体的情境，引出需要计算的数学问题，而不是干巴巴地直接计算，这样做旨在提高学生的学习兴趣，也让学生体会到数学来源于生活．计算教学不但要让学生学会算法，更要让学生明白其中的算理．算理如果单单通过数字来讲解，学生势必难以接受，而采用数形结合，通过小棒图的操作与观察来讲解其中的算理与算法，符合小学生的年龄特征，化难为易，化抽象为直观，让一位数除两位数的笔算中的每一步算什么，为什么可以这样算都迎刃而解．运算能力的培养不是单靠重复的训练就能成功的，而是首先要让学生学会计算的方法，更要明白这样算的道理，在体现算法多样化的同时，体现算法的最优化．如这里讲竖式的写法时，先让学生自己去尝试，得到不同的算法后进行讨论，哪种方法好？为什么好？这样书写的理由又是什么？及时把除法竖式的规范写法教给学生，让学生在体会竖式写法合理性的同时，进一步理解每一步的算理.

5.6　数据分析素养教学片段

数据意识

数据意识主要是指对数据的意义和随机性的感悟，有助于帮助学生理解生活中的随机现象，逐步养成用数据说话的习惯. 在如今的信息爆炸时代，为了使学生不被"数据"牵着鼻子走，而是让"数据"为己所用，从而做出合理推断，我们需要重视学生数据意识的培养. 比如，教师可以在教学中让学生经历完整的收集数据、整理数据、分析数据、得出结论的全过程，还可以有意识地培养学生从统计角度思考问题等. 下面将以"单式折线统计图"为例来阐述在教学中如何培养学生数据意识.

【案例 5-24】 "单式折线统计图"教学片段①

出示如图 5.47 所示的条形统计图.

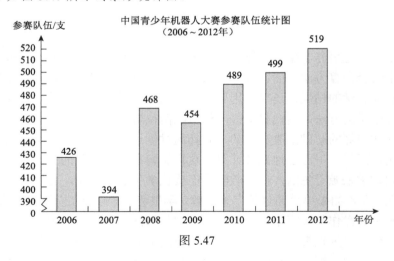

图 5.47

师： 这是我们之前学过的条形统计图，它有什么优点？

---

① 本教学设计由江西省南昌市新世纪小学晏桂英提供.

生 1：条形统计图可以清楚地看出数量的多少.

生 2：从直条的高低来看条形统计图，可以看出数量的变化.

师：刚才还有学生说到，看出数量的变化是从直条的高低判断的. 请用手势将 2006～2012 年参赛队伍数量的变化情况比画出来(师生互动用手势表示数据的变化情况，课堂氛围达到高潮，学生的求知欲相当强烈).

师：如果大家将手势运动的路线记录下来，想象一下会是什么呢？

生 1：弯曲的线.

生 2：一段一段的线.

师：那每一年的数据你想用什么代替呢？还用直条吗？

生：用点代替.

师：浓缩的都是精华. 我们可以将这直条浓缩成一个点. 那点的位置在哪呢？

生：在年份和数据的相交处.

师：接着呢？

生：接着将点连接起来.

师：你觉得现在可以绘制新的统计图吗？自己动手在图上试一试（出示如图 5.48 所示的折线统计图）.

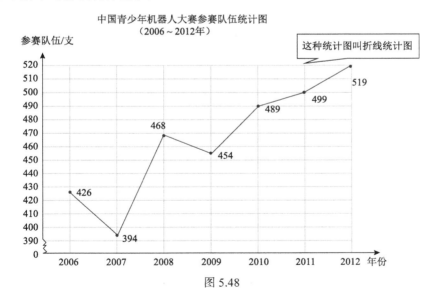

图 5.48

师：通过自己的努力，同学们创作了一种全新的统计图，你知道这是什么统计图吗？这就是我们今天要学习的——折线统计图（板书课题：折线统计图）.

师：看来很多同学都是"小小发明家". 让我们一起分享吧！

师生互动：探究折线统计图的画法（结合课件）.

师：谁先来？（所有的学生都积极举手，跃跃欲试.）

生1：我是先在每个条形的上端，描出一点做好标记，再把这些点连起来.

生2：我来说. 我是先描点，再把这些点连起来.

生3：我也是先描点，再依次把这些点连起来.

生4：我也是先描点，再依次把这些点连起来. 不过我还在每个点的附近标好数据（掌声此起彼伏）.

师：谢谢你们的分享. 在刚才的分享中我们都听到几个关键的词"描点、标数、连线"等. 它们就是我们制作折线统计图的三大步骤.

教师板书：步骤：①描点；②标数；③连线.（学生齐读制作折线统计图的三大步骤.）

师：刚才我们在统计表中了解的信息在这张折线统计图上都能找到吗？

生1：能. 比如最高的那个数就表示2012年中国青少年机器人大赛参赛队伍数量最多.

生2：最低的那个数就表示2007年中国青少年机器人大赛参赛队伍数量最少.

生3：折线的走向表示中国青少年机器人大赛参赛队伍数量呈现的增减变化情况.

生4：折线越陡说明变化越快，越平说明变化越慢.

……

师：既然也能找到信息，是不是说我们的新课就结束啦？当然不是的. 让我们再一次请出老朋友条形统计图和新朋友折线统计图.（全体学生鼓掌欢迎老朋友和新朋友.）

师：如图5.45所示，通过两种统计图的对比，突出折线统计图的优点——不但能表示出数量的多少，而且能清楚地表示出数量增减变化的情况.

1. 相同点

师：请大家仔细观察这两幅统计图，你能发现它们有什么相同的地方吗？同桌之间互相说一说.（同桌之间积极讨论、交流.）

生1：条形统计图和折线统计图都能看出数量的多少.

生2：横轴、纵轴、标题、单位和日期都相同.

生3：图中所表示的数量的多少都相同.

小结：它们的相同点是都能表示数量的多少.（板书：都能表示数量的多少.）

2. 不同点

师：那我们再找找它们的不同点是什么.

生：一个是用条形来表示的，一个是用点和折线来表示的，它们的方式不一样．

师：对，它们呈现的形式不一样．

3. 认识折线统计图

师：你们觉得和条形统计图相比，折线统计图有什么特点？小组之间的同学一起交流交流．

生：折线统计图上有点和线．

师：那我们先从点开始研究．谁愿意找一个点来介绍一下？

生：2007 年上的点表示那年的参赛队伍是 394 支．

师：除了这个还能发现什么吗？

生：这一年的参赛队伍数量最少．

师：非常正确，我们能从一个点观察到这么多的信息．那别的点又表示什么呢？谁愿意再来说一说？现在我们能知道点的高低代表什么了吗？

生：表示参赛队伍数量的多少．

小结：点能表示数量的多少．

1）增加

师：现在我们来研究统计图上的折线，请你找一段折线，说说它表示什么．

生：2009～2010 年的这段线，表示参赛队伍数量增加了．

师：那你能知道参赛队伍数量增加了多少吗？

生：参赛队伍数量增加了 35 支．

师：很好啊！现在我们一起拿出我们的手，用手势来比画一下表示数量上升的折线．

师：都表示好了吗？既然这样倾斜是表示数量上升的，那你还能从这个统计图中找到别的上升的线段吗？谁能来找一段参赛队伍数量增加最大的线段？

生：2007～2008 年的线段表示参赛队伍数量增加最多．

2）减少

师：都同意吗？倾斜的角度越大，表示增加幅度越大．那减少的呢？你能找到表示参赛队伍数量减少的线段吗？

生 2：2006～2007 年这段线表示参赛队伍数量减少了．

师：所以，你知道这条线的作用是什么吗？

小结：折线表示数量增加或减少的趋势．

师：看来啊，折线统计图不仅能够看出数量的多少，而且还能清楚地看出数量增减变化的情况．（板书：表示数量多少，看出数量增减变化情况．）

师：从老师所给的折线统计图，你能发现些什么？表示 2007 年参赛队的点在哪里？这一年有多少支参赛队？2011年呢？

生：2007年的点在394那个点，这一年有394支队伍参加比赛；2011年的点在499那个点，有499支队伍参加比赛．

师：回答得非常好，你能回答下面的问题吗？自己先想一想，再和同桌说一说．

（1）这是多长时间记录一次数据的？

（2）哪一年参赛的队伍最多？哪一年参赛的队伍最少？

（3）参赛的队伍在哪一年到哪一年上升得最快？下降得最快呢？

3）不变

师：如果2013年参赛的队伍数量和2012年的一样多，那么折线是怎么样的呢？说说理由．

生：表示2012～2013年的参赛队伍数量没有发生变化．

小结：如果折线是一条水平的线，就说明数据没有发生变化．

4. 分析发展趋势

师：中国青少年机器人大赛参赛队伍的数量有什么变化？你有何感想？你能预测2013年参赛队伍可能是多少吗？

生1：520支．

生2：536支．

生3：肯定比519支多！

……

出示课件，如图5.49所示．

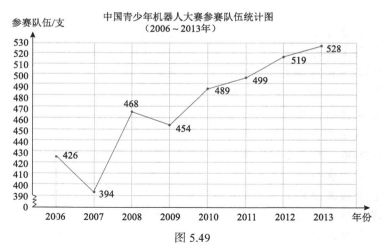

图5.49

小结：折线统计图不仅能够通过点的高低看出数量的多少，还能通过线的起伏看出数量的增减变化，并从中发现数量的发展趋势．

看了这个折线统计图，你有什么感想？

生 1：青少年们科技意识增强了．

生 2：越来越喜欢机器人大赛．

生 3：中国越来越强大（掌声此起彼伏）．

师：是的！这幅图里只记录了每年参赛队伍的数量，是我们今天认识的新朋友——单式折线统计图．（完善课题并板书：单式折线统计图．）

师反问：既然折线统计图的优点这么多，我不要条形统计图行吗？

生：不是的．要看需要吧！

师追问：如果想分析学校每个年级人数的多少，选择哪个统计图？想了解学校近几年的招生人数的增减变化，应选择哪一种统计图？为什么？

生 1：如果想分析学校每个年级人数的多少，选择条形统计图．想了解学校近几年的招生人数的增减变化，应选择折线统计图．

生 2：人数的多少选择条形统计图；人数的增减变化应选择折线统计图．

【赏析】

折线统计图是在学生学习了条形统计图并初步掌握了统计知识的基础上进行教学的．条形统计图侧重于几个具体数量的多少和比较，而折线统计图则能直观地看出某一事物在一段时间里的发展变化，表示的是事物发展的趋势．以上教学片段注重以下两大方面．

（1）注重识图能力的培养．

强调分析统计对象和项目需要注意读点、读线和读整体趋势等方面，逐步提高学生的识图能力．读点从直观读与坐标读两个层次进行；读线不仅可从线上读出数量的增减，而且可从线的平陡读出数量增减的快慢；读整体趋势指不仅关注线的局部，而且关注线的整体发展趋势．这样才能完整地解读折线统计图所反映的数据．

（2）注重数据分析与预测能力的培养．

新课标提出，统计教学应让学生经历统计的过程，并能根据统计的数据作出简单的判断和预测，使学生不但能根据折线统计图对数据进行简单的分析，提出问题，解决问题，而且能根据折线统计图数据变化的趋势做出合理的推测．例如，教师追问："如果 2013 年参赛的队伍数量和 2012 年的一样多，那么折线是怎么样的呢？说说理由．"学生很有预测的头脑，描述为"表示 2012～2013 年的参赛队伍数量没有发生变化"．是的，如果折线是一条水平的线，就说明数据没有发生变化．

教师再引导学生分析发展趋势,追问:"你能预测 2013 年参赛队伍可能是多少吗?"学生大胆分析与预测,有的说 520 支,有的说 536 支,还有的非常肯定地说一定比 519 支多⋯⋯

与此同时,学生体会到了统计在生活中的作用和意义,教师培养了学生描述、分析数据和对现实生活中多方面信息进行统计的能力,激发了学生学习数学的兴趣.

参考文献

蔡清田. 2018. 核心素养的学理基础与教育培养[J]. 华东师范大学学报(教育科学版)，36(1)：42-54.

蔡荣花. 2020. 让"数感"在"数量关系"的建构中发展[J]. 黑河教育，(1)：60-62.

曹才翰，章建跃. 2006. 数学教育心理学[M]. 北京：北京师范大学出版社.

曹培英. 2017. 小学数学学科核心素养及其培育的基本途径[J]. 课程·教材·教法，2：74-79.

曹培英. 2019. 小学数学"统计与概率"教学研究(二)[J]. 小学数学教育，(9)：4-9.

陈丽华. 2020. 把握数学本质，培养学生逻辑推理能力[J]. 小学教学参考，(8)：71-72.

陈敏. 2015. 聚焦数学核心素养——第六届中国小学数学教育峰会综述[J]. 人民教育，(23)：46-47.

陈希孺. 2004. 统计学的意义[J]. 中学数学月刊，(2)：1-2.

陈祥彬. 2020. "图形与几何"教学落实学科核心素养的实践探索——中南、华北、西南十省区市第十一届小学数学优质课观摩研讨活动综述[J]. 小学数学教育，(5)：39-42，64.

陈向明. 2011. 教育改革中"课例研究"的方法论探讨[J]. 基础教育，8(2)：71-77.

丁爱平. 2019. 小学数学深度学习策略探析[J]. 江苏教育研究，(26)：44-47.

弗赖登塔尔. 1973. 作为教育任务的数学[M]. 陈昌平，唐瑞芬译. 上海：上海教育出版社：123，70-72.

龚祖华. 2020. 培养学生推理能力　提升数学核心素养[J]. 中小学教师培训，(3)：56-59.

关秀玉. 2012. 小学数学高年级练习课设计与实施研究[D]. 东北师范大学硕士学位论文.

郭道香，施妍. 2018. 浅谈对数学练习课型教学的思考[J]. 才智，(22)：138.

郭玉峰，刘春艳，程国红. 2015. 数学学习论[M]. 北京：北京师范大学出版社.

郭允远. 2019. 摭谈基于数学核心素养导向的课堂教学目标[J]. 中学数学杂志，(9)：8-11.

胡菊芳. 2017. 小学数学练习课的设计与教学策略[C]//《教师教学能力发展研究》科研成果集(第二卷). 5-23.

华应龙. 2007. 让学习像呼吸一样自然——以教学《角的度量》为例[J]. 人民教育，(2)：46-51.

黄惠娟，王晞. 2003. PISA：数学素养的界定与测评[J]. 上海教育科研，(12)：59-61.

黄友初. 2014. 欧美数学素养教育研究[J]. 比较教育研究，(6)：47-52.

黎兴贵，滕明秀. 2019. 例谈小学数学教材的把握策略[J]. 小学数学教育，(17)：25-26.

李乾赐. 2019. 如何培养小学生良好的估算意识[J]. 学周刊，(20)：75.

林崇德. 2016. 21世纪学生发展核心素养研究[M]. 北京：北京师范大学出版社.

刘翠花. 2019. 小学数学符号意识培养及其教学研究[J]. 基础教育研究，(23)：70-71.

栾庆芳，朱家生. 2006. 数学情境教学研究综述[J]. 数学教学通讯，(3)：1-4.

马晚骋. 2019. 浅谈小学数学教学中培养学生创新意识的思考[J]. 课程教育研究，（19）：152.

马云鹏. 2015a. 关于数学核心素养的几个问题[J]. 课程·教材·教法，35（9）：36-39.

马云鹏. 2015b. 小学数学核心素养的内涵与价值[J]. 小学数学教育，（9）：3-5.

聂艳军. 2014. "教什么"和"怎样教"都重要[J]. 中小学教师培训，（1）：32-35.

裴新宁，刘新阳. 2013. 为 21 世纪重建教育——欧盟"核心素养"框架的确立[J]. 全球教育展望，42（12）：89-102.

沈利玲. 2019. 基于问题设计的小学数学概念教学[J]. 教学与管理，（29）：45-47.

时宁福. 2020. 基于核心素养下小学数学运算能力的提升[J]. 学周刊，（12）：160-161.

史宁中, 张丹, 赵迪. 2008. "数据分析观念"的内涵及教学建议——数学教育热点问题系列访谈之五[J]. 课程·教材·教法，（6）：40-44.

史宁中. 2017. 学科核心素养的培养与教学——以数学学科核心素养的培养为例[J]. 中小学管理，（1）：35-37.

宋峰宇. 2019. 高阶思维视域下小学数学"问题串"导学[J]. 数学教学通讯，（4）：58-59.

辛涛，姜宇，王烨辉. 2014. 基于学生核心素养的课程体系建构[J]. 北京师范大学学报（社会科学版），（1）：5-11.

杨豫晖. 2012. 义务教育课程标准（2011 年版）案例式解读·小学数学[M]. 北京：教育科学出版社.

袁晶翠. 2020. 核心素养理念在小学数学教学中的培养渗透[J]. 学周刊，（19）：99-100.

张丹. 2015. 小学数学教学策略[M]. 北京：北京师范大学出版社.

张娜. 2013. DeSeCo 项目关于核心素养的研究及启示[J]. 教育科学研究，（10）：39-45.

张云丽，段兆兵. 2017. 基于核心素养培育的教学方式变革：挑战、指向与路径[J]. 教育评论，（10）：144-147.

章建跃，程海奎. 2017. 高中必修课程中概率的教材设计和教学思考——兼谈"数学核心素养如何落地"[J]. 课程·教材·教法，37（5）：27-33.

中华人民共和国教育部. 2011. 义务教育数学课程标准（2011 年版）[M]. 北京：北京师范大学出版社.

中华人民共和国教育部. 2018. 普通高中数学课程标准（2017 年版）[M]. 北京：人民教育出版社.

中华人民共和国教育部. 2022. 义务教育数学课程标准（2022 年版）[M]. 北京：北京师范大学出版社.

钟启泉. 2016. 基于核心素养的课程发展：挑战与课题[J]. 全球教育展望，45（1）：3-25.

钟苑娴. 2019. 科学运用思维导图，提升学生学科核心素养[J]. 课程教育研究，（15）：136.

朱立明. 2016. 基于深化课程改革的数学核心素养体系构建[J]. 中国教育学刊，（5）：76-80.

Lewis C C, Akita K, Sato M. 2010. Lesson study as a human science[J]. Teachers College Record, 112（13）：222-237.